上手な教え方の教科書、実践編

向後千春［著］

技術評論社

はじめに
── 誰もが教える技術を必要としている

　私は2015年に『上手な教え方の教科書 ── 入門インストラクショナルデザイン』という本を出しました。この本は息長く売れ続けて、多くの方に読んでいただきました。インストラクショナルデザイン（教え方のデザイン）という用語がまだ耳慣れない時期から「上手な教え方のデザイン」という考え方は徐々にではあるものの、広まってきています。

　皆さんが手にしている『上手な教え方の教科書、実践編』というこの本は、その実践編としてお届けするものです。この本の特徴は「すべて実際にやってみた」という点にあります。

　教えるという行為は、その内容、目的、参加者、時間、場所などによって複雑に影響を受けます。同じ教え方をしているのにもかかわらず、あるケースでうまくいっても、別のケースでうまくいかないことがあります。そのため、ケースに合わせて柔軟に教え方を変えていかなければならないのです。
　とはいえ、上手な教え方の原則は頑健です。この本では、どんなケースでも柔軟に適用できるような上手な教え方の原則を、具体的な事例に沿って紹介していきます。それはすべて実際にやってみたものです。

インストラクショナルデザインの特徴のひとつは、伝統的な学校での教え方を規範としないところです。ですので、逆に、学校における効果的で魅力的な教え方を新しく開発することもできますし、学校以外の場で教える場合にも広く応用できます。たとえば、企業での研修、さまざまなワークショップ、カルチャーセンター、大学エクステンションなどの企画されたものから、親が子どもに教えるときや、バイトの先輩が後輩に教えるとき、地域のサークルでの教え合いなどのインフォーマルなものまで、効果的で魅力的な教え方の原則を提供するのです。

　イリイチは『脱学校化の社会』(1971)という本の中で、未来は社会のあらゆる場所で「学びのネットワーク」がはりめぐらされることになるだろうと予言しました。インターネットがいきわたった現代は「学びのネットワーク」が実現できる時代です。今や誰もが誰かの役に立つことを教えることができる社会となりました。そのときに上手な教え方の後ろ盾となるインストラクショナルデザインの具体的な考え方をこの本でお伝えしたいと思います。

向後千春

目 次

第1章
教える技術を身につける　009
- **1.1** 教える技術とは何か ー 010
- **1.2** 教える技術は誰に必要か ー 014
- **1.3** 教える技術を身につけると何が起こるか ー 017
- コラム1　子どもに挙手をさせなくても良い授業は作れる ー 020

第2章
教えるときに大切なこと　021
- **2.1** どういうときに人は学ぶか ー 022
- **2.2** 「できそうだ」を促す教え方 ー 026
- **2.3** 「つながっている」を促す教え方 ー 030
- **2.4** 「決められる」を促す教え方 ー 033

第3章
講座を設計する　037
- **3.1** 講座を設計するとはどういうことか ー 038
- **3.2** レッスンとゲームで構成する ー 042
- **3.3** 3つのステージで考える ー 047

第4章
セッションを組み立てる　051
- **4.1** パイクの「90/20/8の原則」 052
- **4.2** マイクロフォーマットを使う 054
- **4.3** オンライン講座もマイクロフォーマットで設計する 058
- **4.4** マイクロフォーマットによる講座の実例 061
- コラム2　私語は指定席システムで解決できる 064

第5章
［実習1］
講座のテーマと概要を決める　065
- **5.1** ニーズを見つける 066
- **5.2** ゴールを設定する 067
- **5.3** 講座の枠組を決める 069

第6章
レクチャーをする　071
- **6.1** 参加者の前で話す技術 072
- **6.2** 聞いてもらえる話し方 075
- **6.3** スライドからマップへ 079

第7章
グループワークを実施する　087
- **7.1** いつでも使えるグループワークの方法 088
- **7.2** 単発の講座ではミニワークを使う 096
- **7.3** グループ同士で発表する 099
- **7.4** グループワークの評価をどうするか 103

第8章
テストと評価の方法　　105
- **8.1** テストは学習にどう影響しているか　106
- **8.2** 講座とテストを一体化する　113
- **8.3** 相互評価の方法　116
- コラム3　質問カードを使えば質問しやすくなる　119

第9章
［実習2］
講座の1セッションを設計する　121
- **9.1** コースを設計する　122
- **9.2** セッションを設計する　127
- **9.3** 「できる・つながる・決められる」をチェックする　131
- コラム4　「よく考えられた練習」がポイント　134

第10章
参加者とコミュニケーションする　135
- **10.1** 「大福帳」を使う　136
- **10.2** 「大福帳」の実際　140
- **10.3** 「大福帳」のオンライン化　145
- コラム5　上手な教わり方をする人は上達が速い　148

第11章
評価アンケートを実施する　149
- **11.1** 評価アンケートをする意味　150
- **11.2** 評価アンケートを作る　152
- **11.3** 評価アンケートを実施する　159

第12章
オンライン化する　161
- **12.1** 対面講座の拡張としてのオンライン講座 ……… 162
- **12.2** オンライン講座のメリット ……… 166
- **12.2** 規模の大きさによるオンライン講座の実際 ……… 169
- コラム6　オンデマンド講座では月1回のオンラインミーティングをする … 172

第13章
［実習3］
評価アンケートを実施し、分析しよう　173
- **13.1** アンケートの目的と内容を決める ……… 174
- **13.2** アンケートを実施する ……… 177
- **13.3** アンケートデータを分析する ……… 179

第14章
まとめと次の一歩　181
- **14.1** 教えるときに大切なこと（再び） ……… 182
- **14.2** 教える「型」と創造性 ……… 183
- **14.3** 教えることは一生続く学びの一部 ……… 184

おわりに ── 教えることの科学的側面とアート的側面 ……… 186
謝辞 ……… 187
索引 ……… 188

第 1 章

教える技術を
身につける

　教えることは人類にとって重要な行為であり続けました。教えるという行為があるからこそ、私たちは先人たちの知識と技能と知恵を受け継ぎ、ゼロからやり直すことなく、先人たちの上に立ってさらに良い方法を発展させることができます。その一方で、教えるときにどのようすれば良いのかということを探究する科学が進展してきたのはここ100年くらいのことです。この章では、以下のような疑問に答えながら、現代において教える技術がどのような価値を持っているかということについて説明します。

- 教えるのが上手な人と下手な人がいるのはなぜですか
- 教えるにあたって特別な技術が必要ですか
- 教えることを専門にしていなくても教える技術は必要ですか

▶ 1.1
教える技術とは何か

■─ 1 テニススクールでわかったこと

　私はテニススクールに通っています。そのスクールのコーチから週に何回か90分のレッスンの枠の中でテニスを教わっています。コーチには男性も女性もいますし、年齢層も若い人からベテランまでバリエーションに富んでいます。

　クラスのレベルごとのレッスンプランはスクールの中で統一されていますから、どのコーチのクラスであっても同じレベルであれば、レッスンの内容が大きく変わることはありません。しかし、実際にクラスに入ってみると、レッスンの印象は担当するコーチによって大きく異なります。

　同じ90分のレッスンでも、充実したレッスンもある一方で、不完全燃焼のまま欲求不満が残るレッスンもあります。たくさん汗をかくレッスンもある一方で、まったく汗をかかないで終わるレッスンもあります。おおざっぱに言えば、たくさん汗をかいたレッスンは良いレッスンだったといえます。たくさん走り、たくさんボールを打った方が上達が速いはずですから、たくさん汗をかくレッスンの方がいいのです。

　一時期、万歩計をつけてレッスンを受けていたことがありました。同じ90分のレッスンでも、歩数の多いレッスンは、歩数の少ないレッスンの2倍近くありました。同じレベルのレッスンでもこれほど違いがあるのはなぜでしょうか。もちろんそのレッスンを担当するコーチが違うからです。

　コーチはそれぞれ個性が違う人間ですので、さまざまな点で違いがあります。たくさん説明するコーチ、あまり説明しないコーチ、良いところをたくさん褒めるコーチ、弱点をたくさん見つけ出すコーチ、球出しがうまいコーチ、うまくないコーチ、基礎練習が好きなコーチ、ゲーム形式が好きなコーチ、ニコニコしているコーチ、無表情なコーチなどなど、コーチ

一人ひとりの特徴は違っています。

　そうしたコーチの個性の違いによって「私はこのコーチのクラスでやっていこう」と決心したり、「このコーチは合わないかな」と考えたりします。私は一通りのコーチの個性とそのレッスンのやり方を体験したあとで、確信するに至りました。それはこういうことです。

　コーチそれぞれの個性はあるにしても、それは決定的な要因ではなく、味付けにすぎません。決定的な要因は、レッスン生にたくさん汗をかかせるようにしているかどうかです。さらに言えば、それを飽きさせないように、面白くしているかというかということです。これが10年以上にわたってテニスのレッスン生としてレッスンを受けてみて得られた結論でした。

2 教えることの土台

　教えることは、それを専門にしている人でなくても、誰でも担うことになる仕事です。そして上手に教えられるようになると、自分の専門の仕事もうまく回るようになります。つまり、自分の専門の仕事とそれを教える仕事とはワンセットなのです。

　あなたが専門にしている仕事、あなたが得意としていること、あなたが経験を積んできたこと、それを次の人に教え、伝えることは、あなたにしかできない仕事です。ですから「教えることは私の専門でもないし、仕事でもない」というのではなくて、あなたにしかできないことを教えることは、確実にあなたの仕事の一部なのです。

　人に教えるためには、まず教える内容を自分が習得していることが必要です。これはすでにあなたの専門になっているはずですので問題はありません。そして、他の人に教えるときに、その内容を精査することになりますので、そのときに自分のスキルと知識の再点検をします。ですので、他者に教えようと決断した瞬間に、それは他者に対してだけでなく、自分自身に対して良いことが起こります。

　教えようとする内容以外に必要な知識は「教授・学習の理論」です。これはどのように伝え、教えれば効果が上がるかということの理論です。こ

の理論と実践のことを「教える技術」と呼んで、この本の中で説明していこうと思います。

　自分が習得している教える内容とそれを教えるための技術の両方が教えるための土台です。教える技術には科学的に検証された良い方法があります。ですので、まずその良い方法を知る必要があります。その良い方法の土台の上に教える人の個性が乗ります。したがって、良い教え方には教える人によってさまざまなバリエーションがあるにもかかわらず、その土台としては共通のものがあるのです。

3　教える人が身につけるべきスキル

　では、教える人が身につけるべきスキルにはどのようなものがあるでしょうか。エンゲストロームは「指導者モデル」として次の4つのスキルを挙げています[*1]。

- プレゼンテーション・スキル
- テクノロジー・スキル
- 対人関係スキル
- 組織化スキル

　1つ目はプレゼンテーション・スキルです。自分が伝えたい内容を相手にどのように提示するかというスキルです。話したり、デモンストレーションしたり、問いかけをしたり、教材を作ったり、資料としてまとめたりといったスキルです。これらの組み合わせによって最も効果的に相手に伝えようとするスキルです。

　2つ目はテクノロジー・スキルです。1つ目のプレゼンテーションにあたっては、そのための道具やテクノロジーを使いこなす必要があります。たとえば自分のデモンストレーションをビデオに収録してそれを配信する

[*1]　ユーリア・エンゲストローム（松下佳代他訳）『変革を生む研修のデザイン』鳳書房, 2010

ようなことです。また、大勢の人の前で話すときは、スライドを併用することが効果的です。このようなプレゼン用のスライドを作ることもテクノロジー・スキルに含まれます。もしテクノロジーを使いこなすことが苦手であれば、それが得意な人に頼むこともできます。しかし、少なくとも、テクノロジーでどのようなことが可能なのかということを知っておくことは必要です。

3つ目は対人関係スキルです。教えようとする相手は人間ですので、まず良い対人関係を作ることが必須です。人は相手が信頼できる対象、尊敬できる対象でなければ、何にしてもその人からは学ぶことができないからです。このような信頼関係は教えていく過程で作られていくものです。

最後の4つ目は組織化スキルです。個人対個人で教えられることには限界があります。それ以上は、組織の中でルールを作る必要があります。たとえばOJTでの指導者役を誰が担当するか、その補助をどのようにつけるかというようなことです。このようにして、組織の中で常に人材を育成していくようなルールを作っていく必要があります。

以上あげたスキルは、自分が相手に教えていくということを経験する中で身についていくものです。あなたが教えるという経験の中で学んでいくことなのです。

▶ 1.2
教える技術は誰に必要か

■─ 1 自転車の乗り方を子どもに教える

　教える技術は誰に必要なのでしょうか。すべての人に必要だというのが私の回答です。たとえば、自分の子ども、あるいは近所の子どもに自転車の乗り方やなわとびの仕方を教えるという機会は誰にでもあるでしょう。自分が自転車を乗りこなすことができたり、なわとびをすることができるのであれば、それを子どもに教えるのはごく普通のことです。

　自分の職場のことを考えてみましょう。職場に新しく入ってきた新人に仕事のやり方を教えることはいつでも必要です。もちろん大きな組織であれば、新人をトレーニングするための研修部門や人材育成部門があるかもしれません。しかし、それにかかわらず、現場で新人に仕事のやり方やコツを教える仕事は、現場にいる人たちに任されているのです。

　自分が専門的に習得したことを教える場合もあります。たとえば、プログラミングができたり、書道ができたり、楽器がひけるようになるまで習得した人は、何かの機会に誰かからそれを教えてほしいと頼まれることがあるでしょう。また、釣りの仕方や、カヌーのこぎ方というような趣味の領域でも同じように教えてほしいと頼まれることがあるかもしれません。独学で習得したか、あるいは誰かに教えてもらって習得したかにかかわらず、今度は自分に教える番が回ってきたということです。

■─ 2 「私なんて教えられないです」

　以上のように、教えることを自分の専門としていなくても、誰でも身近な人に特定のことを教える場面があります。しかし、そのときになって初めて自分がどのようにすれば上手に教えられるかを習っていないことに気づきます。小学校でも、中学高校でも、また大学でも、教え方について教

えている科目はなかったのです。

　自分が誰かに教えなくてはならない場面になると「私なんて教えられないです」と尻込みしてしまう人もいるでしょう。教え方を習っていないのですから、その人は正直な人だと思います。しかし、現実に教えなければならない機会はありますし、どうしてもと頼まれることもあります。少なくとも自分ができていることであれば、それを相手に伝え、教えることができればそれにこしたことはないでしょう。

　習っていないのですから教え方がわからないのは当然です。そこで私たちは学校の先生をモデルにして、先生のように教えようとします。教える人として長い間目にしてきたからです。しかし、私たちみんなが感じているように、先生には上手に教えてくれる先生とそうでもない先生がいました。上手に教えてくれる先生には、おそらく共通した上手な教え方の原則があります。

3 教える技術はすべての人に有用なこと

　生活していれば教えなければならない場面がしばしばあるのに教える技術が教えられていないというのは何かと不都合です。なぜこうなっているのかというと、その理由のひとつは、教えることに関する科学的な理論が構築され始めてからまだ100年も経っていないということです。さらには、その理論は今もなお発展中であるということもあります。そのため、それを体系だった形で広く教えられるまでには至っていないのです。

　もうひとつの理由は、教えるということは、見よう見まねでもなんとなくできてしまうということです。自分が教える立場である先生役となり、相手が生徒役となれば、「はい、まずこうやってください」、「次にこうやってください」というようになんとなく教え始めることができます。しかし、最後までうまくいくかというとそうでもありません。

　見よう見まねで教えるということをしていても、遅かれ早かれ相手はやめてしまうでしょう。それは、私たちが学校で体験した授業で起こったことと同じことなのです。最初は興味を持って出席した授業でも、遅かれ早かれ「私にはできないし、つまらない」と感じて、学ぶのをやめてあきら

めてしまったという体験をした人は多いでしょう。

　だからこそ教える技術を身につけることは意味のあることです。とりわけ誰でも教える機会があるような現代においては、身につけると役に立つ、有用な技能といえます。

▶ 1.3 教える技術を身につけると何が起こるか

　教える技術を身につけるとどんなことが起こるでしょうか。さまざまな良いことが起こることが予想できます。それを、成長する、楽しむ、次につなげるという3つの視点で説明しましょう。

1 成長する

　私たちは小学校に入学してから長い間、教えを受けるという立場を続けてきます。そのため、自分が何かを教えるということは自分には関係のないことだと思い込んでいます。しかし、これまでみてきたように、自分が何かを教えるという機会は日常的にたくさんあるのです。もちろん専門家として教えることはまだできないかもしれません。しかし、少なくとも自分が理解している知識と自分ができるようになっている技能については、誰かにそれを伝える、つまり教えることができるはずです。

　実際に教えてみるとわかることは、誰かに教えるためには、自分が今持っている知識と技能をより深く理解することが必要だということです。表面的な知識や技能では、それを教えるのには不十分です。たとえていえば、1つの知識を教えるためには、それを支えている関連する知識を10くらい持っていることが必要なのです。そのことは試しに教えてみるとすぐに実感します。

　教えるためには表面的に獲得した知識や技能では不十分だということを実感した人は、より深く、より広く学ぼうとするでしょう。そのことがその人自身を成長させます。学ぶということは、ただ教科書をなぞるだけでは達成されません。何度もそのことを考え、実際にやってみて、そして他の知識とのつながりを発見し、大きな流れ、つまり知識の体系というものを獲得していく息の長いプロセスなのです。このプロセスの中に、自分で

誰かに何かを教えるという行為を組み込んでいけば、その成長はより着実なものになっていくでしょう。

2 楽しむ

　自分が学んでいるときは、自分が理解したかどうかは自分の感覚に頼るしかありません。つまり、自分が「わかった」という感じがすればそれは理解したものと判断するわけです。もっと確実に判断するためには、自分でテストしてみる方法があります。教科書の中のキーワードを塗りつぶして、その語句を思い出すという方法を使ってテスト勉強をした人は多いでしょう。しかし、この方法は単にそのキーワードを記憶したということでしかありません。記憶することは学ぶことの第一歩ではありますが、知識全体の流れを理解するということではありません。

　これに対して、他者に自分が理解したことを教えてみると、単にキーワードを記憶しただけでは不十分なことがわかります。むしろキーワードを覚えるよりは、知識全体の流れあるいはストーリーがわかっていないと教えることができないことを痛感するでしょう。キーワードは本を開けばすぐに思い出すことができます。しかし、知識のストーリーは自分の頭の中に全体の流れのイメージを作り出さなければ話すことができません。

　この活動をするためには、他者の存在が必要です。他者に自分の理解しているストーリーを話すこと、これがつまり教えることの原型です。これがうまくできれば、あなた自身は自分の知識を楽しむことができるでしょう。同時に教えてもらっている相手も喜ぶでしょう。喜ぶ相手を見て、あなた自身も充実した感じを持つことでしょう。こうした活動によって、あなたは自分が学ぶことを、苦しみなどではなく、楽しみのひとつとして感じられるでしょう。そして、その結果として、さらに学んでいくのです。なぜなら、学び、それを他者に伝えることが楽しみになるからです。

3 次につなげる

　人生の中で成長していくと、いずれ何らかの仕事につき、その仕事を専門としてやっていくようになります。最初は入門者として誰かに教えても

らう段階を経て、やがて中堅となり、最後は熟達した人として職場にいなくてはならない人になります。その途中で、誰かに教えるという行動をしていきます。そして、最終的には自分が習得した知識と技能を誰かに伝えておきたいという気持ちになることが多いでしょう。

　自分が構築した知識と技能を次の世代に伝えたいという気持ちが自然に湧いてきます。その知識と技能の大部分は、対面であれ、書物のように間接的であれ、自分が誰かから学んだものです。そして、そうして学んだ土台の上にその人独自の経験と思考を上乗せすることによって、自らが構築した知識と技能が作られます。

　そのように構築された知識と技能を次の人たちに伝えようと思うときに、教える技術が必要になるでしょう。自分が持っている知識と技能をどのように説明すれば、次の人たちに伝えることができるのか。それが必要になったときに考えるのではなく、それよりずっと前から教える技術を少しずつ体得しておけば、うまくできるでしょう。それは、あなたの知識と技能を必要としている人たちにとっても幸せなことになるのです。

Column 1
子どもに挙手をさせなくても良い授業は作れる

　小学校の研究授業を見せてもらうと、気づくことがあります。それは「挙手」という教室文化です。先生が「これ、わかる人？」と子どもに聞いて、子どもはわかっても、わからなくても手を挙げて、先生が指名して答えるというパターンです。わからなくても手を挙げるのは、手を挙げることが「学習意欲」のあらわれとして先生にカウントされる可能性があるからです。

　この「挙手の文化」は日本の教室の中ではとても当たり前の光景です。多分欧米でもアジアでも中東でもアフリカの学校でもそうなのかもしれません。でもよくよく考えると不思議な習慣です。もし教師が児童が理解しているかどうかを確認したいなら、全員に聞いてみればいいのです。全員に聞く時間がないというのであれば、ランダムに指名して聞いてみればすみます。

　いずれにしても、「発問して、挙手をさせて、指名して、答えさせる」という一連の流れにそれほどの時間をかける必要はありません。逆に、挙手させることで、ゆっくりと考える子どもは考えるための時間が削られてしまいます。また、何度も手を挙げているのになかなか当ててもらえない子どもは、無力感におちいってしまうかもしれません。

　典型的な授業は「先生の発問／子どもの挙手／先生の指名／子どもの発言／先生のフィードバック」というサイクルが授業時間の要所要所に挟まれています。それが授業を進めるためのエンジンになっているように見えます。おそらく、ここが先生の授業スキルの重要な部分なのです。指名された子どもが予期しない答えを出してきたときに、自分の授業の台本にどう当てはめていくかを瞬時に判断して、対応しなくてはなりません。これがうまくできるかどうかが教師の力量として見られます。同時に子どもたちもまた観察して、上手な先生であるかどうかを評価しているのです。それは先生にとってもプレッシャーとなります。

　しかし、この挙手のサイクルをまったく使わなくても授業をすることができます。子どもが授業内容を理解しているかどうかを知りたければ、サイコロを振ってランダムに子どもに答えてもらえばよいのです。実際に私は受講生に何か話してもらいたいときには必ずサイコロを振ってランダムに指名します。サイコロは正十面体（0〜9の目）のものを2つ使います。これを振れば1から99までの番号で指名することができます。

　挙手の代わりにサイコロを使うとどのような効果があるでしょうか。自分に当たる確率は低いもののゼロではないので、先生の質問に真剣に考えるでしょう。先生にとっては生徒が授業内容をどのように理解しているかを正確に確認することができます。つまり、当てる人を偶然に任せることにより、授業は公平になり、教室の雰囲気が真剣になるのです。

第 2 章

教えるときに
大切なこと

　教えることの究極の目的は、相手が学ぶことです。相手自身が学ぶことによって知識を習得し、技能が上達するのです。ですので、相手が学ばなければ、「教えた」と呼ぶことはできません。では、相手が学ぶのはどういう条件がそろったときなのでしょうか。この章では教えるときの次のような困りごとを解決するための考え方を提示します。

- 熱意をもって教えているのに、相手のやる気がない
- 相手に上達してもらおうと思うあまり、つい厳しい言葉を投げてしまう
- 教える相手と信頼関係を持つためにどうすればいいのかわからない

▶ 2.1
どういうときに人は学ぶか

■ 1 相手が学んだときだけ教えたことになる

　私たちは何のために教えるのでしょうか。それは教えることによって相手ができるようになることです。相手に何かができるようになって欲しいので、私たちは教えます。教えた結果、相手が何かを学んだとします。相手が学ぶことによって知識を習得し、技能を上達させます。そのときあなたの行為を「教えた」と呼ぶことができます。

　一方で、相手が学ばないときもあります。あなたが一生懸命教えたにもかかわらず、相手が学ばないままに終わる場合があります。そのときは、あなたの行動を「教えた」と呼べるでしょうか。この場合は「教えた」とは呼ぶことはできない、とするのが「学習者検証の原則」[*1]です。「学習者検証の原則」とは、学習者ができるようになったかどうかという成果そのものによって教えるという行為が評価されるべきであるという原則です。

　このように考えると、私たちは何かを教えられたにもかかわらず、学んでいないことがけっこうたくさんあります。学校の授業を受けたにもかかわらず、内容が理解できずに何もできるようになっていないことがあります。会社で研修を受けたにもかかわらず、頭に残っていることがまったくない場合もあります。しかし、そこで教えた教員や講師は「私は確かに教えた」というのです。もし、私たちが何も理解できず、何もできるようになっていないとしたら、それは「教えた」と呼ぶことができるでしょうか。

　学びが起こっていないとしたら、それは教えたことにはならないというのが学習者検証の原則です。ですので、教える人の目標は、相手が学び、何かができるようになっていることであり、そのための環境と状況を作る

---

*1　向後千春『上手な教え方の教科書』技術評論社, 2015, p.211

ことです。ただ話すことで知識を伝えたり、技能を練習するだけでは、人は学びません。それは私たち自身が学校で経験したことからわかっていることです。たくさんのことを学ぶことができた授業もある一方で、まったく学ぶことなくただ時間の無駄であったような授業もあります。

2 3つの基本的心理欲求

それでは、どのような状況のときに私たちはよく学ぶのでしょうか。それは以下のような条件が成立したときです。

- 自分が「できそうだ」と感じているとき
- 自分がまわりの人と「つながっている」と感じているとき
- 自分が「自分で決められる」と感じているとき

以上は、デシとライアン[*2]が提示した基本的心理欲求理論（Basic Psychological Needs Theory）をやさしく言い換えたものです。基本的心理欲求とは人が健康であるために必要とする欲求のことです。それは、有能感（competence）、関係性（relatedness）、そして自律性（autonomy）の3つからなるとしています。有能感は、自分の力によって外的な環境と効果的にやり取りができるという感覚のことです。関係性は、他者と緊密な関係を築いている感覚のことです。そして自律性は、自分自身が関与したり決めたりして行動したいという感覚のことです。

これらの3つの欲求「できそうだ、つながっている、決められる」がそこそこ満たされているとき、私たちは「いい感じ」で生きていると感じることができます。「いい感じ」というのは何ともあやふやな表現ではありますが、確かにこういう感じになることはあります。つらくもない、しんどくもない、退屈でもない、適度に気が張っていて、興味を持って、生き生

[*2] Deci, E. L., & Ryan, R. M.（2012）. Motivation, personality, and development within embedded social contexts: An overview of self-determination theory. In R. M. Ryan（Ed.）, The Oxford handbook of human motivation. New York: Oxford University Press. pp.85-107.

きとしている状態、そんなような状態を「いい感じ」と表現しています。

3 どういうときに私たちは学ぶか

「できそうだ、つながっている、決められる」という3つの欲求が満たされているとき、私たちは何かを学ぶことができ、その結果として何かを理解したり、何かを成し遂げるためのスキルを身につけるようになります。

1つ目の条件として、自分が何かできそうな感じがするとき、私たちはそれを学ぶことができます。まったく歯がたたないような難しい課題にはなかなか手をつけることができません。少しでもできそうだなという感覚がなければ、手をつける勇気が出てこないのです。

どんなに学ぶ必要性を感じていても、また、自分自身で習得したいと強く思っていても、それを習得することが難しく、自分の成長を感じられなければ、学習活動を続けられず、途中であきらめてしまいます。私たちが学習活動を続けるためには、少しでも自分ができるようになるという見通しが必要なのです。したがって、教える人の仕事は、学習者に少しでも「できそうだな」という感覚を持ってもらうことです。

2つ目の条件として、自分がつながっていると感じるとき、学びはより速く、着実に進みます。何かを学ぶ必要があっても、それを自分ひとりでやろうとすると、人は簡単に挫折してしまいます。たとえ自分ができそうな感じがしたとしても、たった一人でそれを続けることは難しいのです。そんなときに、まわりに自分と同じように学んでいる人たちがいれば、挫けそうな時でも互いに助け合って学びを続けることができます。それはともに学ぶ仲間です。

仲間がいて、自分とつながっているという感覚があれば、学びはより速く、着実に進んでいくでしょう。その結果として、途中で挫折してしまうことを未然に防ぐでしょう。したがって、教える人の仕事は、複数の学習者たちが、学んでいく上での仲間として「つながっている」という感覚をお互いに持ってもらうようにすることです。

3つ目の条件として、学んでいる中で自分で決められると感じているとき、学びはより魅力的なものとなります。たとえ、できそうな感じがして

も、また、まわりとつながっている感じがしても、決められたことをただ押し付けられて学ばなければならないとしたら、それは楽しい体験にはなりません。学んでいく過程の中で、自分なりの創意工夫ができる余地がなければ楽しくはないでしょう。

　学びが楽しいものであるためには、自分で決められるような自由がある程度は必要なのです。したがって、教える人の仕事は、学習の過程の中で、学習者が自分で決めたり、自分を表現したり、自分なりの工夫ができるような自由を確保することです。

　まとめると、「できそうだ、つながっている、決められる」と感じられるような条件を満たすように教えることが、教えるときに大切な原則です。ここから教え方の良し悪しが決まってくるといえます。

▶ 2.2 「できそうだ」を促す教え方

　「できそうだ、つながっている、決められる」という基本的心理欲求を満たすように心がけて教えることによって、学習者の学びを促進することができます。では、3つの基本的心理欲求を満たすためには、具体的にどのように教えればいいのでしょうか。

　学習者が「できそうだ」と感じるような教え方の原則としては、次の3つが特に重要です。それぞれ説明していきましょう。

- スモールステップと即時フィードバック
- チャレンジとスキルのバランス
- キャロルの時間モデル

■ 1 スモールステップと即時フィードバック

　スモールステップの原則とは、教える内容をできるだけ小さなステップに分解して、それぞれのステップを十分練習してマスターしたら次のステップに進むというやり方です。

　スモールステップの原則にしたがえば、入門の段階では、ほぼ100%成功するようなやさしい課題を出すことになります。どんな人でも初めてのことにチャレンジするときは不安になります。この段階では少しでもつまづくと自信を失ってしまいます。ごく一部の人はそれでもがんばるかもしれません。しかし、大多数の人は最初のつまづきでやめてしまうのです。そうなってしまうともう取り返しはつきません。ですから最初の入門期ではやさしい課題から初めて、少しずつスモールステップで進めていくことが大切です。

　即時フィードバックの原則とは、活動に対してすぐにフィードバックを

返すということです。いちいち大げさにほめる必要はありません。相手ができたことを確認して「OK、できたね」というだけで十分です。相手がわかれば、軽くうなづくだけでもいいのです。肝心なのは、教える人が学習者を「よく観察している」ということと、それが学習者に伝わっているということです。

即時フィードバックの「即時」とはどれくらいかというと、できるだけすぐということです。長くても1分以内にフィードバックします。それ以上時間が経ってしまうと、学習者が自分のどの活動に対してフィードバックされているのかがわからなくなってしまいます。できれば、学習者が活動したその直後にフィードバックを返すのがいいのです。あとでまとめてやろうとするのは意味がありませんし、効果もありません。

2 チャレンジとスキルのバランス

以上のスモールステップと即時フィードバックの原則は、特に入門期においては重要です。入門期には、やさしくてシンプルな課題を数多くこなしてもらいます。そうすることによって、学習者に達成感と楽しさを味わってもらうのです。

入門期で楽しいと思えないようなことはけっして長続きしません。これは当たり前のことのように思えます。しかし、教える側になるとなぜかこれを忘れてしまうのです。「今は楽しいことばかりだけど、だんだんと厳しく辛いこともあるんだよ」ということは真実かもしれません。しかし、最初から辛いことを味わわせる必要はありません。入門期には「できる！できそう！」という感覚を味わってもらいましょう。

入門期が過ぎて、中級の段階に入ったら、さまざまなことに挑戦してもらいましょう。その時期にはいった学習者は、少々辛いことがあっても脱落することはなくなっているはずです。その時期の教え方の原則となるのが、「チャレンジとスキルのバランス」です。

入門期がすぎて、少しくらい失敗しても自信を失うことがなくなったら、中級レベルに入ったということです。これ以降は、むしろ失敗から学ぶ方が多くなります。したがって、挑戦したら、半々の確率で成功したり

失敗したりするような難易度の課題を出す方がいいのです。これをチャレンジ（課題の難易度）とスキル（学習者のスキルのレベル）のバランスと呼びます。

　チャレンジとスキルのレベルがバランスして釣り合っているということは、成功する確率と失敗する確率が半々の状態です。この領域で、学習者は集中し、時間を忘れてのめり込むような没入状態にはいります。これを心理学者のチクセントミハイは「フロー（Flow）」と呼びました[3]。

　フロー状態にはいるためには、チャレンジとスキルのレベルが釣り合っていることが必要です。スキルは高いのに課題がやさしすぎると、学習者は退屈します。反対に、スキルが低いのに課題が難しすぎると、学習者は不安になります。退屈と不安のいずれの状態でも学習は進みません。

　チャレンジとスキルのレベルが釣り合ったフロー状態の中で私たちは学びます。主観的には集中し、没入し、高度に研ぎ澄まされた感覚になります。そして終わったあとは、楽しかった、充実していたという感覚が残ります。そしていつのまにか学んでいるのです。

3 キャロルの時間モデル

　教える技術の最終的な目標は、すべての人が自分に必要な技能を習得できるようにするにはどうしたらいいのかを明らかにすることです。それは可能なことなのです。「でも、学校で習うことは100％できるようになるわけではない」という反論があるかもしれません。もしそうならテストは全員が満点を取れるはずです。しかし現実には満点を取る人はごくわずかで、それ以外の大部分は満点ではありません。落ちこぼれる人もいます。

　それが学校システムの致命的な欠点なのです。クラス全体が決められたスピードで学習を進めていく。そのスピードがちょうど合っている人は全体の3割か4割くらいです。それ以外の人は、スピードが速すぎてついていけないか、あるいは逆にスピードが遅すぎて時間を持て余しています。

　もし自分が学ぶのに必要な時間が与えられているならば、全員が100％

---

[3]　チクセントミハイ（今村浩明訳）『フロー体験——喜びの現象学』世界思想社，1996

習得できるはずです。これを「キャロルの時間モデル」と呼びます。キャロルの時間モデルとは、「あることを習得するのに必要な時間をかければ誰でもそれを習得できる」ということです。ある人が、ある知識や技能を習得するのに10時間かかるとすれば、10時間で完全習得できるということです。

　これは当たり前のことのように思われるかもしれません。しかし、同じことを別の人が習得するのに30時間必要であるとすれば、そのときは、30時間かけなければ完全習得できないということです。人間には個人差があるために、同じことを習得するのでも10時間で終わる人もいれば、30時間かかる人もいます。これは事実です。この事実に学校システムはうまく合致していないということです。

　もしキャロルの時間モデルを社会全体が受け入れるとすればどうでしょうか。まず学校は無学年制になるでしょう。何歳であろうが、その人に必要な技能があれば、その人が必要な時間をかけて習得することになります。そうすると必然的に学年という考え方を捨てなければなりません。

　学校では学校特有のシステムによって運営することが必要でしょう。クラスという考え方はそのひとつです。しかし、あなたが教える場が学校ではないとすれば、あなたの教え方は学校のやり方にしたがう必要はまったくありません。また、それをお手本にする必要もありません。学校での教え方は、あらゆる教え方の中のひとつのパターンにすぎないのです。

　あなたが教えるときは、キャロルの時間モデルを思い出してください。教えている相手がなかなか進歩しなかったり、他の人と比較して習得が遅いのであれば、それはその人に必要な学習時間がまだ不足しているということなのです。そして焦らないことです。あなたが焦らなければ、相手も焦ることはないでしょう。他の人と比べる必要もありません。その人にはその人に必要な時間があるのです。その人に必要な時間をかけてゆっくりと成長していくとき、その人は「できそうだ」という感覚を持つことができるでしょう。

2.3 「つながっている」を促す教え方

学習者が「つながっている」と感じるような教え方の原則としては、次の3つが特に重要です。それぞれ説明していきましょう。

- 一緒に学ぶ人とのコミュニケーションの機会を作る
- 教えあい学びあう関係を作る
- 学ぶ場にその人の居場所を作る

1 一緒に学ぶ人とのコミュニケーションの機会を作る

オンラインで講座を提供するケースが普通のこととして定着しつつあります。また、個人的に何かをオンラインで学ぶということも普通のことになりました。しかし、いずれの場合も、途中で挫折してやめてしまう割合が多いことが最大の欠点として指摘されています。

これはオンライン講座の内容や作り方そのものが原因となっている場合もありますが、それ以上に、自分ひとりで学び続けること自体が難しいということによるものです。たとえ、同時期に他の参加者が同じ内容を学んでいたとしても、参加者が互いにコミュニケーションする機会がない場合は、孤独感を感じやすく、ひとりで学ぶのと同じく難しい状況になります。

教室で教えるときでも、またオンラインで教えるときでも、学習者同士が話し合ったり、意見を交換したりする活動をいれることによって、学習者同士がつながっているという感覚を持つことを促進できます。そうしたコミュニケーションによって、現実にともに学ぶ仲間がいて、自分はそのメンバーの一員であるということを感じることができます。

オンデマンドの講座では、学習者はそれぞれ自分の好きな場所で好きな時間に学習コンテンツにアクセスして学習を進めます。それ自体はオンデ

マンド講座の利点ではありますが、その反面、学習者はどうしても孤独を感じやすくなります。たとえば電子掲示板などを使って、学習者同士の文字によるコミュニケーションの機会を設けるだけでも、この孤独感をやわらげることができます。

　さらに効果的なのは、日時を決めて、学習者を集めてオンラインミーティングを開くことです。都合が悪くて参加できない学習者には、ミーティングの様子を録画して視聴してもらうことができます。このような機会を設けることによって、ともに学ぶ仲間がいるということを実感してもらいます。その結果として、学習者それぞれが「つながっている」という感覚を持つことができます。

2 教えあい学びあう関係を作る

　学習者が「つながっている」と感じる機会として、教えあい学びあう関係を作れるような活動を入れることも効果的です。具体的には、講座の中で課題を出したときに、ひとりで考える時間を置いたあとに、ペアを作り、お互いに自分の考えを相手に聞いてもらうというような活動です。

　このような活動は「シンク・ペア・シェア（Think-Pair-Share）」と呼ばれています。「ひとりで考える→ペアを作る→お互いに考えを聞いてもらう」という手順にしたがって実施します。この活動では、ペア同士は明示的には「教える・学ぶ」という関係にはなっていません。しかし、直接教えることはしなくても、相手の発言に対してうなづきや表情を変えるなど何らかの反応をしています。発言者は、この反応を見ることによって、説明の仕方を変えたり、具体例を出したりします。この変化自体が学習なのです。

　このように学習者は自分に近い他者から学ぶことが多くあります。年齢や立場の離れた先生から学ぶよりも、むしろ自分と同じような年代で似たような状況にいる他者から学ぶことが多いのです。これは、ヴィゴツキーが提唱した「発達の最近接領域理論」[*4]からも裏づけられることです。発

[*4] ヴィゴツキー（土井捷三, 神谷栄司訳）『「発達の最近接領域」の理論 —— 教授・学習過程における子どもの発達』三学出版, 2003

達の最近接領域理論では、人が学ぶのは、その人がまだできないことを、まわりからの手助けによって共同で取り組むことによって可能になるということを主張しています。

　以上のように、学習者同士が教えあい学びあう関係を作り出す活動をそれとなく入れることによって、学習者が他の人たちと「つながっている」と感じる機会を増やすことができます。

3　学ぶ場にその人の居場所を作る

　ひとりでは生きていけない人間は常に共同体への所属を求めています。生まれて最初に所属する共同体が家族です。赤ちゃんにとってはまず家族に所属して安全に養育されていくことが必要です。そのあとは所属する共同体が広がり、友人からなる遊びの共同体であったり、一緒のクラスで学ぶ共同体であったりします。

　このように社会的な生物である人間は、他者を大切にしたり、他者から大切にされたりして、他者とのつながりを感じ、その中で所属感を持ちたいという欲求が常にあります。同じ場所や同じ機会に学ぼうとする集団でもまた同じようにその中に自分の所属感を求めます。言いかえれば、学ぶ場に自分の居場所を作りたいということです。

　これまで述べたように、一緒に学ぶ人とコミュニケーションを取ったり、教えたり教えられたりする関係を作ることによって、学ぶ場に自分の居場所があると感じられるようになってきます。その上で、教える人との関係性が良く、お互いに信頼関係が構築できれば、自分の居場所を確保することができるでしょう。そのとき、初めて自分の学習活動に集中することができるのです。

▶ 2.4
「決められる」を促す教え方

　学習者が「決められる」と感じるような教え方の原則としては、次の3つが特に重要です。それぞれ説明していきましょう。

- 学習者の主体性が尊重されている
- 選択肢が用意されている
- 自分らしさが表現できる

1 学習者の主体性が尊重されている

　学習者の主体性が尊重されている状態について説明するために、学習者の主体性が尊重されていない状態について考えてみましょう。それは「誰かに命令されている状態で、それにしたがわないと罰せられる状態」です。命令というのは「○○してください。もしそうしなければ罰を与えます」という形式を取ります。

　このように言われると、ほとんどの学習者はその命令にはしたがいません。罰を受けるのが嫌なので、仕方なくしたがう場合もありますが、その場合は、何とかして裏をかいてやろうと考えます。「授業に毎回出席してください。そうでなければ成績を落とします」というのは命令です。成績が落ちるのが嫌な人は、何とか出席しなくても出席になるように画策します。出席カードを友人に代理で書いてもらうといったことです。

　授業に出席しなさいと命令することで、逆に出席したくなくなります。なぜかというと、人は誰でも命令されるとそれに反発したくなるからです。子供でも大人でも老人でも、誰でもそうです。したがって、教えるのであれば、命令することなく、また罰を使うこともなく教えてください。そうすることで、学習者は自分の主体性が尊重されていることを感じま

す。そのとき、学習者は何かを学ぼうという状態に初めて入ることができるのです。

■──2 選択肢が用意されている

では、教えるときに使うのが命令でないとしたら、何を使えば良いのでしょうか。使うのは「こうするといいですよ」という形の説明です。この種類の説明のことをインストラクションと呼びます。すべてのインストラクションは「こうするといいですよ」という形をしています。これは「こうしなくてもいいですよ」あるいは「別のやり方もありますよ」という選択肢が学習者に与えられているということを暗示しています。

たとえば、Excelで、いくつかの数値の平均値を求めるための操作を教えるとしましょう。「=sum」という関数を使って合計値を計算して、さらにそれをデータの個数で割るという計算式によって平均値を求めます。この手順を教えたときに、学習者が「先生、=averageという関数で一発で計算できますよ」と言ったとしましょう。そのとき先生の対応としては次の2つがあるでしょう。

1つ目の対応は、「その関数はこのあとでやりますから、今は使わないでくださいね」というものです。丁寧に言ってはいますが、これは命令です。学習者の行動を限定しているからです。

2つ目の対応は、「その関数も便利ですね。それを使ってもいいですし、今回ような方法で平均値を求めてもいいです」というものです。これはインストラクションです。この説明によって「この方法でもいいし、別の方法でもいいです。それはあなたが選んでいいのです」ということを暗示しています。

この2つの対応の違いは微妙なものですし、学習者全体の規律を守るためには1つ目の方法がいいと思う人もいるでしょう。しかし、命令を使うことによって、学習の場を命令と服従の場所にしてしまいます。一方、説明を使えば、学習の場を「自分が決められる場所」なのだと思ってもらえるでしょう。この2つの違いは雰囲気の違いとなって現れます。1つ目の雰囲気は、やらされていて、押し付けられている感じです。一方、2つ目

の雰囲気は自分の存在が尊重されている感じになるでしょう。

3 自分らしさが表現できる

　やらされているという雰囲気の中では、自分らしさを表現することができません。反対に、自分の存在が尊重されているという雰囲気の中では、自分らしくふるまうことができます。何かを学び、そこに自分らしさを付け加えていくという作業は大切です。なぜなら、何かを学ぶということは、そのことを自分の一部分として取り込んでいくことだからです。

　私たちは他者から説明されたり、教えられたりしたことを、そのまま取り込んでいるわけではありません。必ず、自分の解釈のフィルターを通すというプロセスを通過しています。他者から説明されたことが、自分にとって価値があるか、ないか、自分に関係があるか、ないか、信頼できるものか、そうでないか、受け入れられるか、そうでないか、といった解釈のフィルターを通すことによって、それを自分のものとするかどうかを決めているのです。

　そして、特定の知識やスキルを自分のものにしようと決めると、自分の一部として取り込む作業を始めます。その過程の中で自分らしさがいやおうなく付け加えられていきます。だから、同じ内容の説明を受けてたとしても、10人の学習者がいれば10通りの受け取り方が存在します。人は外界からの刺激データをそのまま受け取るのではなく、それを解釈した上で取り込むというプロセスを考えれば、これは自然なことです。

　以上のことから、自分の考えを発表してもらったり、グループでプレゼンテーションを行うことに意味があることがわかります。このような活動をすることで、与えられた説明をどのように自分のものにしたのかを、その人自身も、教えた人も確認することができるからです。そこには学習者のその人らしさが表現されています。

第 3 章

講座を設計する

　教えることは、計画せずに偶然始まることがあります。たとえば、子どもが自転車に乗りたいと言い出して、ある晴れた日に自転車の乗り方を教え始めるような場合です。一方で、計画して教えるという行為をすることもあります。これを講座あるいはコースと呼びます。学校での授業や企業による研修は講座のひとつです。また、Youtubeで配信された一連の動画もそれが何かを教えているのなら講座として考えることができます。この章では、次のような困りごとについて答えながら、講座をどのように設計したらいいかについて説明していきます。

- ただ教えるだけでは参加者が飽きてしまうのではないかと心配
- 教えたいことをどのような順番で教えればいいかわからない
- 参加者のレベルに合わせて教えることができるかどうか不安

▶ 3.1
講座を設計するとはどういうことか

■──1 講座設計のロケットモデル

　講演と講座(コース)とでは、講師が話をする(レクチャー)という時間が必ずあるという点では共通しています。しかし、その目的は明確に異なります。講演では講師が話したいことを話せばいいのです。参加者はその話を聞きたいと思っている人たちですから、その目的が果たされることでうまくいきます。しかし、講座では参加者をなんらかの形で変化させることが目的です。どう変化させるかは講座を設計するときに講座の目的として決められます。講座では参加者がどう変化するかがすべてなのです。

　講座の設計では参加者をどのように変えるかということをベースにして考えていきます。その設計にあたって使うことのできるロケットモデル[1]という枠組を紹介します(図3.1)。

　ロケットモデルは、講座(コース)の全体を設計するときに有用なモデルです。このモデルロケットは以下の5つのパーツからなっています。

- エンジン：参加者のニーズ(これができるようになりたい)
- 操縦室：講座のゴール(こんなことができるようになります)
- 片方の翼：講座のリソース(レクチャー、テキスト、動画、実演など)
- 胴体：参加者の活動(練習、グループワーク、課題など)
- もう片方の翼：フィードバック(コメント、アドバイス、評価など)

---

[1]　向後千春『上手な教え方の教科書』技術評論社, 2015, p.163

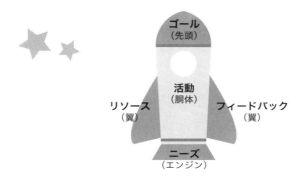

図 3.1 ロケットモデル

　まず参加者のニーズ（これができるようになりたい）を拾い上げ、それを決められた期間でできるようなゴールに変換します。あとは、それをセッションに分割して、各セッションを、リソース（テキスト、動画、実演）、活動（練習、グループワーク）、フィードバックの3つの組み合わせによって進めていきます。

　ロケットモデルでは次の5つのステップにしたがって、ロケットのパーツを決めていきます。

(a) まず想定参加者のニーズを探ります。
(b) 次に、そのニーズを想定された時間と人数で達成できるようなゴールに明確化します。
(c) 想定された時間の中で、どのようにレクチャー、テキスト、動画、実演などのリソースを提供するかを考えます。
(d) リソースを提供したあとに、どのような活動を行うかということを考えます。
(e) 活動を実施したあとに、活動に対するフィードバックをどのように参加者に返すかを考えます。

以下に詳しくみていきましょう。

2 ニーズとゴールを決める

　まず想定参加者のニーズを探ります。参加者になりそうな人に、どんなことができるようになりたいかを直接聞いてもいいです。また、自分自身の体験から考えてこのようなことができるようになりたいと思っている人がいるかもしれないと想定されるようなことを設定してもいいでしょう。

　このようにニーズについておおよそ把握したら、次にそれをゴールの形に明確化します。ゴールというのは、参加者がこの講座を終了したときに、どのようなことができるようになっているかを文章化したものです。たとえば「この講座を終了すると、Excel上で、数値データの度数分布図を描くことができるようになる」というようなものです。

　度数分布図を描けるようになるというようなゴールを設定した場合は、1時間あるいは90分程度の時間で教えることができるでしょう。このような長さの学習活動をセッションと呼びます。

　ゴールとしてもう少し大きなものを設定してみましょう。たとえば「与えられたデータに最適なグラフとして度数分布図、棒グラフ、折れ線グラフ、散布図などのグラフが描けるようになる」というようなゴールです。このゴールを達成するためには、ひとつのセッションでは終わらないでしょう。このような場合は複数のセッションを設定します。ひとつながりの複数のセッションのことをコースと呼びます。この本では、1セッションで終わるものと複数のセッションによるコースをまとめて「講座」と呼んでいます。

3 リソース、活動、フィードバックを決める

　ゴールを設定したら、そのゴールを達成するためのリソース、活動、フィードバックを決めていきます。

　リソースというのは、講座の中で提示される材料ということです。たとえば、講師によるレクチャー、参加者が読むためのテキストや資料、参加者に提示される動画、また講師による実演などをまとめてリソースと呼びます。この中では、講師によるレクチャーは参加者にとって特に大切な材料ですので、第6章「レクチャーをする」で詳しく取り上げます。

3.1 講座を設計するとはどういうことか

　次に、活動とは、リソースの提示を受けて参加者が自分で行う活動です。活動にはなんらかの結果が伴います。たとえば、「ここにいる参加者のきょうだいの数をデータとして、その度数分布図を描いてみましょう」というような課題を出すことで、参加者の活動を促します。

　活動の設計では、参加者が各自ひとりで行うのか、あるいは何人かでグループを作って行うのかを決めます。また、どれくらいの時間を活動にあてるのかということも決めます。活動をどのように設計し、実施するのかということについては、第7章「グループワークを実施する」で詳しく取り上げます。

　最後に、フィードバックとは、活動の結果に対してなんらかのコメントをすることです。たとえば、「きょうだいの数をデータとした度数分布図を描く」という活動によってできあがった度数分布図に対して個別にコメントすることです。正誤やそのでき具合によって点数をつけることは、フィードバックのひとつの方法です。しかし、点数をつけることだけがフィードバックではありません。活動の成果に対してコメントすることが重要です。フィードバックの方法については、第8章「テストと評価の方法」で詳しく取り上げます。

▶ 3.2
レッスンとゲームで構成する

■── 1 転移とはどういうことか

　私たちが誰かに何かを教えてもらうとき、特定の知識や技能をそこで習得しようとします。その場で知識や技能をうまく習得したとします。つまり、その場で知識や技能を自分ひとりで再現できたということです。それで学習は成立したといえるでしょうか。

　習得した知識や技能が実際に使われるのは、教室ではなく現場です。さまざまな環境や条件が異なる現場で、習得した知識や技能を発揮することができて初めて習得したことが証明できます。このように、学んだ知識や技能が別の文脈で活用できるようになることを「転移」と呼びます。

　一方で、認知心理学でいう「領域固有性」とは、特定の文脈で学んだ知識や技能が、異なる文脈になると活かすことができないということを指しています。つまり、転移しにくいということです。教室での授業で学んだことが、実際の日常生活では活かすことができないという現象はこの領域固有性のためです。

　以上のことから、特定の知識や技能を習得したあとは、それをどの文脈で使うかということが課題となります。そのためには、自分が置かれている複雑な状況を解読することが必要です。それは単純な知識や技能の習得ではなく、その知識や技能をどの文脈で発揮するのがベストかという判断力の習得とセットなのです。

　伝統的教育では熟達の結果として転移を想定してきました。しかし、それは実態とは違っています。どんな専門的知識でも専門的技能でも、ある程度熟達したのちに、それを違う領域に転移できるのではなく、むしろ転移が困難であることが明らかにされています。転移をうまく行なっている人は、熟達を待つのではなく、少し学んだらすぐにそれを転移させて使お

うとします。そしてそれを何度もサイクルとして行なうことで上達していきます。それが「熟達と転移のサイクル」です。

21世紀には非ルーチン的な対人業務と非ルーチン的な分析業務だけがニーズが伸びていきます。ルーチン化された業務はロボットやAIに取って代わられていきます。一方、非ルーチン的な業務に対応するためには、知識や技能を応用する「転移」の能力が重要なのです。

2 ベイトソンの学習2

ベイトソンは学習の段階として、「ゼロ学習、学習1、学習2」ということを定義しました[*2]。これは学習転移について考えるのに便利な枠組です。以下に説明します。

ひとつ目は「ゼロ学習」です。特定の刺激があるときに決まった反応をすることです。特定の刺激に対して特定の反応をするまでは学習が起こります。しかし、一度決まってしまって変化がなければ「ゼロ学習」であり学習は起こっていません。ルーチン化した作業は一定のものであり、そこでは学習は起こっていません。たとえば、歯磨きという作業は、初めてそれを学ぶときは確かに学習が起こります。しかし、それが習慣となり、歯磨きのやり方に変化がなければ、それはゼロ学習となります。

それに対して、特定の刺激があるときに、ある反応をして、それに対するフィードバックがあり、それによって反応が変わっていくときに学習が起こります。それを「学習1 (proto-learning)」と呼びます。たとえば、テニスのフォアハンドストロークを練習していて、打つたびにうまく打てたり、打てなかったりします。そのこと自身がフィードバックとなり、だんだんと打ち方が上達して行きます。そのとき「学習1」が起こっています。

フォアハンドストロークのさまざまなバリエーション、たとえば普通のストロークから、トップスピンをかけたり、スライスをかけたりするように学習1が進んでいくと、今度は試合中のどんな場面でどのような種類のフォアハンドストロークを打つかということを学んでいきます。それを

[*2] グレゴリー・ベイトソン（佐藤良明訳）『精神の生態学 改訂第2版』新思索社, 2000

「学習2（deutero-learning）」と呼びます。学習2は文脈の学習なのです。

　文脈の学習とは、単発で獲得したスキルをどのような場面で使っていくかということを学習するということです。これがわかっていくと自分の持っている知識や技能を加速度的に生かすことができます。そのため、学習2のことを別名で「加速度学習」と呼ぶこともあります。

　単発の知識や技能はそれだけではあまり意味がありません。どのような文脈や状況のときにそれを使うのかということを学ぶことによって、初めて知識や技能の意味がでてくるのです。自分が持っている知識や技能を、いつどのような状況や文脈で使っていけばいいかということは、文脈を読み解く能力と自分自身を知る能力がなければできません。それは知識や技能そのものの学習（学習1）ではなく、文脈の中の自分ということの学習（学習2）ということなのです。

　学習2を訓練するためには文脈を変えることが重要です。具体的には以下のような練習が有効です。

- 教材の文脈を変える
    - 複雑でリアルな問題を出して、それを解決しようとする。
    - 現実のケースを取り上げて、ケーススタディをする。
    - 現場・フィールドに入り込んで、参与観察をする。
- 学習行動の文脈を変える
    - 当事者となって討論・議論をする。
    - ロールプレイをして違う役割を演じてみる。
    - 自分の知っていることを相手に教えるピアチュータリングをする。
- 自我関与の文脈を変える
    - 自分が一体何を学んだのかということを振り返り、書く。
    - 体験したこと、考えたことを日誌として書く。

　以上のような練習をすることで、学習2が促進されます。その成果は、出会ったことのない状況においても自分のレパートリーとなっている知識や技能の中から適切なものを見つけて、活用できることです。

■ 3 レッスン／ゲームモデル

「レッスン／ゲームモデル」は私のテニススクールでの経験から作ったモデルです。トレーニングをして自分の技能を磨くという活動のすべてに当てはまると考えられます。それはスポーツであろうが、料理のような技能であろうが、学校で学ぶ知識と思考法であろうが、すべて当てはまるでしょう。

このモデルは、単技能の練習や典型的な練習ばかりのレッスンをやっていても上達しないし、かといってゲームばかりやっていても上達しないという視点から出発しています。上達するためには、レッスンで練習したことをゲームで使うことが必要であり、同時に、ゲームでできるようになるためにはレッスンに立ち戻ってトレーニングする必要があるということです。つまり、レッスンとゲームのモードを行ったり来たりすることが必要なのです。

レッスンとゲームを行き来することによって、その中から創造的なものが生まれてきます。それはレッスンでは習わないことを自分で発見したり、独自の工夫をするようになることです。そうすることによって、レッスンを超えることができるのです。

テニスの例をもう少し続けましょう。テニススクールのレッスン時間はどこでもだいたい同じだと思いますが、だいたい90分です。この90分間の間にどんなことをするのかというプログラムを考えるのがコーチの仕事の中心部分です。

典型的なのは、次のようなレッスンプログラムです。

1. ショートラリーによるウォームアップ
2. ストロークのラリー練習
3. ボレーとストロークの練習
4. サービスの練習
5. ダブルスゲームの形式練習
6. ミニゲーム

このレッスン全体は構造化されていません。つまり、1から6までのプログラムはただ並べられているだけで、相互の関連性がまったくないか、弱いものです。つまり順番を入れ替えても問題がありません。このようなプログラムは構造がない寄せ集めのレッスンです。個別の練習にはなるでしょうが、何か新しいことを習得するチャンスはありません。
　一方で、次のような別のプログラムは特色があります。

1. 思いっきり打たせてウォームアップ
2. その日のテーマの打ち方を手出しボールで練習
3. その日のテーマの打ち方をシナリオで練習
4. その日のテーマの打ち方をゲームで使わせる

　一見してわかるのは「その日のテーマ」があることです。そのテーマの打ち方をレッスンの中で一貫して練習する。たとえば、「バックハンドの決めボレー」とか「頭上を抜かれたロブを低く返球する」といった打ち方がテーマになります。
　決められたテーマの打ち方は、手出しボールでまず練習します。手出しボールで、体の動かし方とラケットの振り方を習得します。
　十分動き方を理解したら、次はシナリオで練習します。たとえば、一回スマッシュを打ち、次にロブが上がって頭上を抜かれたら、下がって低い返球をする、というような短いシナリオです。これによって手出しではわからなかった実際のボールスピードで練習することができます。
　最後はその打ち方をゲームで使うことです。ゲームの前にテーマの打ち方をゲームの中でできるだけ使うように指示されます。ある場合は、それを使ってポイントを決めたら2倍の点数にするというようなボーナスが与えられます。このことによって習得した新しい打ち方を実際のゲームで使おうという動機づけがされます。すべての打ち方がゲームで生かされることがレッスンの最終ゴールです。
　このようなレッスンプログラムを「構造化されている」と呼びます。構造化されたプログラムは何か新しいことを習得するための強力なデザインです。

▶ 3.3
3つのステージで考える

■― 1 入門・中級・熟達の3つの段階

　どんな領域のことを学ぼうとしても、そのレベルを大きく分けるとすれば、入門段階(beginner)、中級段階(intermediate)、熟達段階(expert)の3段階に分けられるでしょう。もちろん、その知識と技能をコンピテンシー(何ができるか)の記述で分ける方法もあります。しかし、ここでは学習者がどのような状態にあるのかということに注目して、学習者が上達するために何が必要なのかという視点で3段階に分けるものです。これを「3ステージモデル」と名付けます。

　この3つのステージは明確に区分けされるものではなく、学習者が自分の成長のために求めるものが徐々に変化していくという点に注目しています。入門段階から中級段階への移行は、すでに確立したコースを受けて成功体験を積むことからスタートして、切磋琢磨する仲間を求める段階への移行とします。そして、中級段階から熟達段階への移行は、良い師を求めて、選んでいく段階への移行とします。

　入門段階では、よく設計されたコースであれば、基本的な技能は誰が教えても身につけることができます。しかし、中級段階では、決まった先生やコースの中で学習するだけでは不十分です。自分の技量を上げるためには、一緒にトレーニングしてくれる仲間あるいはライバルと呼べる人が必要です。競争仲間を作ることによって、自分の技量は大きく進歩します。逆に言えば、競争仲間を作ることができなければ、いつまでも先生の元で習わなければなりません。しかし、それでは急速な進歩を生み出すことができません。

　熟達段階では再び師のもとに戻ってきます。しかし、それは入門段階の先生ではなく、学習者が超えるべき師です。そしてこの段階では、その師からほぼ個人指導を受けます。ですので、その師は自分の目標となる人です。そ

れを自分で選ぶ必要があるのです。目標となる師を自分で選びたいと思うようになることは、その人が熟達段階に入ったことを示すものです。

2 それぞれのステージで重要なこと

　入門・中級・熟達の3つの段階のそれぞれで成長していくために重要なことがあります。

　入門段階では、良いコース、良いプログラムが重要です。そこでは、先生がどんな人なのか、あるいは一緒に学ぶ人がどんな人かはあまり関係がありません。先生の教え方が少し下手であっても、うまく組まれたプログラムさえあれば、それにしたがって入門段階を進んでいくことができるからです。

　入門段階では具体的な典型例を取り上げて、それに取り組むことによって一通りの型を身につけていきます。それと並行して、その領域世界を成立させている基本的な概念とスキルを身につけます。これが良いコースを作るときの設計図となります。

　中級段階では、コースの重要性は少し落ちて、どんな仲間と一緒にトレーニングするかということが重要になってきます。この段階では、単独でできる基本的な訓練の時間から、仲間と鍛錬し合うという時間が多くなってくるからです。ですので、先生の仕事もまた、仲間と鍛錬し合うような環境をどうやって作っていくかということが重要になってくるのです。

　中級段階では、基本的な概念とスキルを身につけたあと、それを組み合わせて応用することが必要になります。そうすると組み合わせ爆発によってそのすべてのケースについてコースはカバーできません。そこで一緒に学ぶ仲間が必要となるのです。そうした仲間とともに複雑な事例について取り組み、ともに切磋琢磨していきます。良い練習仲間を得ることは、それ自体が中級段階にいる学習者の重要なタスクといえます。

　熟達段階では、どんな先生や師匠を持つかということが重要になってきます。その先生のレベルを目指し、最終的には先生を超えることがゴールになるからです。この段階では先生からの個別指導が中心になりますので、どんな人を自分の師匠として選ぶかということが決定的に重要です。どんな先生を自分の師として選ぶかということは学習者自身の仕事です。

熟達段階では、良い師を見つけて、その師に追いつき、最終的に追い越すことを目指します。追い越すということは、単に知識や技能について量的・質的に追い越すのではなく、新たな枠組（あるいは理論）を作り出すということです。そのため、熟達段階では、最初にたくさんの候補の中から良い師を探し出すということが学習者の重要なタスクとなります。そのためには、その専門領域や業界の中での付き合いを広めて、情報を集めることが必要となるのです。

まとめると、入門・中級・熟達のそれぞれの段階で重要なことは、入門段階では「良いコース」、中級段階では「良い仲間」、熟達段階では「良い師」となります（図3.2）。

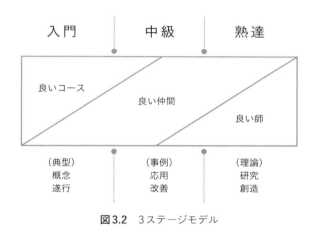

図3.2　3ステージモデル

3　3ステージモデルの意味

3ステージモデルは、芸事の師弟関係のモデル「守破離」に似ているという人もいるでしょう。守破離は師弟関係のモデルなので、3ステージで求めるものが違うという点で観点が異なります。しかし、結果として似ているところもあります。それは各ステージで何ができるようになるかという視点です。

3ステージモデルでも同じように、入門段階では基本的な概念とスキルを遂行できるということを目指します。中級段階では、基本的な概念とスキルを組み合わせることによって、複雑な事例に対応できるようになることを目

指します。概念とスキルを精緻化することによって改善・改良につながります。熟達段階では、良い師につくことによって、その師を追い越し、新しい概念とスキルを創造することを目指します。

　3つのステージで必要なリソースをどのように学習者に提供するのかがデザインの大きなテーマとなります。入門段階で使われる良いコースのデザインはインストラクショナルデザインの中心的課題でした。これに加えて、良い仲間をどうやって見つけやすくするのか、また、良い師をどうやって見つけやすくするのかという問題もまた拡張されたインストラクショナルデザインの課題となります。

第 **4** 章

セッションを
組み立てる

　講座のひとつのセッションはだいたい60分から90分で区切られます。続く場合はここで休憩をはさみます。このひとつのセッションの中をどのように設計したらよいでしょうか。この章ではセッションを組み立てるときの次のような困りごとを解決するための方法を提示します。

- ひとつのセッションの時間を持たせるのに苦労する
- レクチャーをしていて、参加者が飽きてくる様子を見るのがつらい
- セッションの途中で内職をしている参加者が多い

▶ 4.1 パイクの「90/20/8の原則」

　講座のひとつのセッションはだいたい60分から90分で区切られます。これ以上長くなる前に休憩が取られるのが普通です。このセッションを設計する原則として、ボブ・パイクは「90/20/8の原則」を提案しています[*1]。「90/20/8の原則」とは、セッション内の時間配分の原則です。

- 1セッションは90分以内で終える
- レクチャーを含め1つの活動は20分以内で終える
- 8分ごとに参加者が何か参加できる機会を作る

■─1　1セッションは90分以内で終える

　まず、1セッションは90分以内で終えるという原則です。もしこれを超えるようであれば、途中で休憩を入れる必要があります。大学の授業は1時限で90分の長さが標準的でしたが、最近は100分に延ばされました。これはパイクの原則に従うとすれば、中間に休憩を入れて2つのセッションにしなければならないところです。

　90分の原則は生理学的な制約に基づいています。90分たてばトイレに行きたくなる人が何人かは出てきます。ですので、そこで休憩を入れる必要があるのです。

■─2　1つの活動は20分以内で終える

　次は、レクチャーを含め1つの活動は20分以内で終えるという原則で

[*1]　中村文子, ボブ・パイク『研修デザインハンドブック』日本能率協会マネジメントセンター, 2018

す。90分の1セッションを講師がひたすら話し続けるという講座は意外にも珍しくありません。特に講座を実施することを仕事としている人はそもそも話をしたい人が多いのです。話を続ける本人は自分がしたい話をするのですから、気持ち良いでしょう。しかし、参加者としてみれば90分間ひたすら話を聞き続けるというのはきついのです。

20分の原則は心理学的な制約に基づいています。どんなに面白い話であったとしても20分を超えて注意を集中させるのは無理だということです。90分間話し続けて、しかも参加者を飽きさせないというケースはあります。しかし、それは講師が途中で適度な息抜きを入れているのです。

そういう高度なテクニックが使えない講師は20分でレクチャーを切り上げるのがいいでしょう。レクチャーとは違う活動に切り替えれば、注意力は復活します。たとえば隣の人とレクチャーの内容について意見交換してみるといった活動です。

■── 3　8分ごとに参加者が何か参加できる機会を作る

最後は、8分ごとに参加者が何か参加できる機会を作るという原則です。これはレクチャーをしている間でも、参加者に何かを問いかけたり、クイズを出したり、質問を受けたりするということです。こうすることによって、参加者はただ「聞いて理解する」というモードから、「頭を働かせて自分で考える」というモードに切り替わります。こうすることでレクチャーがより効果的なものになります。

4.2 マイクロフォーマットを使う

　私の講座は、すべて「マイクロフォーマット」という形式を使って組み立てられています。マイクロフォーマットというのは、講座を構成する活動の枠組です（図4.1）。長年、講座を実施してきて、最もシンプルで効果的な形式として私がモデル化[*2]したものです。

　マイクロフォーマット形式による講座の設計は、基本的に50〜75分を1ユニットとして、以下の要素で構成します。時間の割り当てはおおよその目安です。

- 20〜30分間のレクチャー
- 10〜15分間のグループワーク
- 10〜15分間の全体シェア
- 10〜15分間の質疑応答

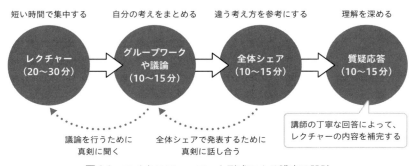

図4.1　マイクロフォーマット形式による講座の設計

[*2]　多喜翠, 堂坂更夜香, 向後千春（2017）. マイクロフォーマット形式による研修の実践と効果の検証. 日本教育工学会論文誌, v.40（Suppl.）, pp.25-28.

マイクロフォーマットは、以下のことを実現するために考案されました。

■— 1 20〜30分間のレクチャー

まず、受動的な形態であるレクチャーをできるだけ短い時間で区切るということです。前項で紹介したパイクの「90/20/8の原則」では1つの活動は20分以内とすることが示されていました。これに沿って、マイクロフォーマットではレクチャーを20分以内、長くても30分以内で区切ることを勧めています。このことによって、短く簡潔なレクチャーを参加者に集中して聞いてもらえることが期待できます。

■— 2 10〜15分間のグループワーク

レクチャーを区切ったあとは、グループワークに進みます。グループワークの具体的なやり方については第7章で説明しますが、典型的なパターンとしては、講師が自分のレクチャーに関連したトピックを提示して、それについてグループ内で話してもらうことです。グループ内で話してもらうことによって個人内の思考を外化することを目指します。これはレクチャーを聞くという比較的受動的な活動から、自分の考えを話すという能動的な活動に切り替えることによって、参加者自身をリフレッシュするという効果があります。

発言の順番をどうするかということで時間を使いたくないので、私は次のように指示することが多いです。「最初にじゃんけんをしてください。一番勝った人が一番目に話してください。それ以降は時計順に順番を回します」。4人で10分であれば、1人あたり2分になります。このくらいであれば、グループ内に司会を立てる必要はありません。

■— 3 10〜15分間の全体シェア

グループワークが終わったら、全体シェアを行います。具体的には、グループ1つをランダムに選んで、そのメンバーに順番に話してもらうことです。話の内容は直前までグループ内で話していたことですから、新たに

考える必要はありません。ですので、発表者はプレッシャーを感じることなく話すことができます。それを参加者全体に共有してもらいます。講師が簡単なコメントをつけることもお勧めできます。

　グループワークだけで終わってしまうと、メンバーは他のグループで話されたことを知る手段がないので、若干の不満が残るでしょう。かといって全部のグループの話の内容を共有する必要もありませんし、またその時間もありません。他のグループの話を聞くことでこの不満は解消されます。ただし、発表に当たったグループだけは他のグループで出た話を知る機会がありません。これを解決するには2つ以上のグループをランダムに選んで話してもらうことです。いずれにしても、ここも20分以内、できれば15分以内で区切ることが必要です。

4　10〜15分間の質疑応答

　最後に、質疑応答の時間をとります。グループワークと全体シェアの活動によって、脳が活性化されていますので、質問しやすい雰囲気ができていることが期待できます。そのため「質問どうぞ」と講師が言ったあとに静寂が訪れるということもないでしょう。それでも質問が出ない場合は、あらかじめ質問カードを配付しておくことをお勧めします。参加者にはそのカードに質問を書いてもらうのです。質問カードを使うことで心理的な圧迫なしに質疑応答ができます。

　質疑応答が終わると休憩時間に入ります。この時間帯に質問カードに質問を書いてもらい、講座が再開したらまずその質問に回答していくという方法もお勧めできます。

5　マイクロフォーマットの利点

　マイクロフォーマットによる設計のポイントは、レクチャー、グループワーク、全体シェア、質疑応答の各イベントがその前のイベントと強くつながっているという点にあります。レクチャーのあとにグループワークがあるので、参加者は真剣にレクチャーを聞きます。グループワークのあとには、全体シェアがあるため、そのときに発表に当たる可能性がゼロでは

ありません。そのため真剣に議論することを促します。そして、グループワークと全体シェアのときに浮かんできた疑問点は質疑応答のときに解消されることになります。

　このようにマイクロフォーマットではそれぞれの活動を集中的に行い、しかも全体として一貫性を持たせることができます。まとめると以下のような利点があります。

- 短く簡潔なレクチャーを集中して聞いてもらえる
- グループワークと議論によって参加者の活動が促される
- 全体シェアによってグループの偏りによる不満が解消される
- 質問カードを使うことで心理的な圧迫なしに質疑応答ができる

▶ 4.3 オンライン講座も マイクロフォーマットで設計する

　Zoomなどのオンライン会議システムを使ったオンライン講座もまたマイクロフォーマットで設計することができます。

■― 1　20〜30分間のレクチャー

　イントロとして20〜30分のレクチャーを配信します。スライドを使って話す方が参加者は理解しやすいでしょう。ポインタも表示されますので、集中しやすいです。スライドはできれば事前に配信しておいて、参加者が印刷したものを手元に置いてもらえるようにするとノートが取りやすいですし、また参加意欲を高めるでしょう。

　実習や実技を伴うものであれば、デモンストレーションをここに置きます。デモンストレーションの映像は、リアルタイムでやるよりは事前に収録しておくのがいいでしょう。カメラワークが必要になるからです。

■― 2　10〜15分間のグループワーク

　レクチャーが終わったら、その内容に関連したタスクを提示します。そしてZoomのブレイクアウトルーム機能を利用して、グループにわけます。グループメンバーの人数は4人が最適です。参加人数を4で割ってグループ数を決めればZoomがランダムなメンバー構成でグループを作ってくれます。

　4で割り切れない場合（例えば14人）は、グループ数を切り上げれば（4グループ）、4人と3人のグループが混在します（4, 4, 3, 3人）。グループ数を切り捨てれば（3グループ）、4人と5人のグループが混在することになります（5, 5, 4人）。どちらかをやってみて、自分の好みで決めればいいでしょう。いずれにしても4人グループをベースにします。

グループワークは10〜15分を基本とします。これは短いと感じるかもしれません。しかし、タスクが明確になっていれば、この時間で十分です。逆に長い時間を設定してしまうと、だらけてしまいますし、雑談も始まってしまうでしょう。ここでは、4人が平等に意見を出し合ってもらう時間として設定します。

4人で10分の時間であれば、一人当たり2分程度となります。これくらいであれば、特に司会を立てる必要もなく、全員が発言できます。発言の順番をどうするかということで時間を使いたくないので、私は、たとえば、「誕生日の早い順番で話してください」などの指示を使います。

3　10〜15分間の全体シェア

ブレイクアウトルームが終わる1分前に全体に「あと1分です」の予告を出して、戻ってきてもらいます。そうしたら話し合ったことの発表をお願いします。全部のグループから発表をしてもらうと時間がかかりすぎますので、1つのグループを指名してそのメンバー全員に発表してもらいます。グループ全体の話をまとめる必要はなく、その人自身が話した内容を話してもらいます。これであれば、今話したことを繰り返すだけですので、余計な負荷をかけることがありません。

発表してもらうと同時に、主催者は共有画面を使って、発言のノートを書いていくようにします。ノートはホワイトボードに板書していくイメージです。Zoomのホワイトボード機能を使ってもいいですし、自分の好きなアプリ（例えばスライドアプリ）を共有してもいいでしょう。こうすることで、発表内容が流れていってしまうことなく、定着します。

4　講師からのコメント

発表が終わったら、講師は今共有したノートを見ながら、コメントをしていくといいでしょう。時間がなければとばしてもかまいません。参加者は他のグループの意見を聞くことでかなり満足できます。

5 休憩時間に質問をチャットに書き込む

　以上でワンセッションが終了です。10分間程度の休憩を入れます。休憩時間は何もする必要はありません。質問がある場合はこの時間に、チャットに書き込んでおいてもらうといいでしょう。休憩が明けたら、主催者はチャットに書き込まれた質問を読み上げながら、それに回答していきます。

　以上がマイクロフォーマットによるオンライン講座のフレームワークです。マイクロフォーマットによってそれぞれのイベントを有機的につないだ設計になります。

4.4 マイクロフォーマットによる講座の実例

　マイクロフォーマットによる講座の実例として、大学院の「教材開発・評価特論」という科目をZoomによる集中講義で開いたケースを取り上げます。5月から7月の土曜日それぞれ1回で合計3回の講座です。1日で90分のセッションを4回実施しました。

　この講座では、90分のセッションをマイクロフォーマットによって組み立てています。具体的には次のような構成です。

1. 前の課題へのフィードバック（10分）
2. イントロと問題提起（5分）
3. 講師による話題提供（25分）
4. グループワーク（15分）
5. 全体シェア（15分）
6. 質疑応答（5分）
7. 課題と作成（15分）

それぞれについて説明していきます。

1 前の課題へのフィードバック（10分）

　開始して初めの10分は、直前の課題への回答を取り上げて講師からコメントしていきます。ただし、最初のセッションでは直前の課題はありませんので、自己紹介の時間にします。

　参加者が多い場合は、サイコロをふってランダムに2、3人の回答を取り上げてコメントします。そのときに、回答者に「ここはどういう意味？」「これは何を言いたかった？」などの質問をします。

これは直前の課題に対する即時フィードバックの意味合いと同時に、前の時間でやったことの復習とまとめにもなっています。

■ 2 イントロと問題提起（5分）

問題提起をします。具体的には「良い教え方についての科学はあるのか」というような問いかけを、一般的あるいは日常的あるいはプライベートな話からスタートして、この問題につなげます。

■ 3 講師による話題提供（25分）

問題提起に対応するような話題を講師から提供します。たとえば「インストラクショナルデザインという応用科学」についてレクチャーをしていきます。それはどのようなものなのか、どんな特徴があるのか、どんな領域で応用できるのかというような話です。ここではスライドは使わずにマップを使って話しました。マップについては第6章で説明しています。

■ 4 グループワーク（15分）

テーマを設定してグループで話し合います。たとえば「良い教え方とは何かについて自分の考えを言ってみよう」や「良い教え方が活かされる場を学校以外であげてみよう」というようなテーマを設定します。グループは3～4人で構成します。

■ 5 全体シェア（15分）

グループワークが終わったら、サイコロをふって2～3人にランダムにあてて、グループワークで話した内容を参加者全体にシェアしてもらいます。ここでは、自分のグループ内で出たすべての話題を紹介する必要はなく、自分が話した内容だけを紹介してもらいます。

■ 6 質疑応答（5分）

質問がないかどうかを聞いて、あれば回答していきます。

7 課題と作成（15分）

　この時間は、課題テーマを与えて、それに回答する文章を作ってもらうことにあてます。テーマはたとえば、「良い教え方とは何か」「良い教え方が広まるとどのようなことが起こるか」「なぜ良い教え方が広まっていないか」というような問題です。

　回答文は300〜600字で、その場で作成してもらいます。つまり、宿題レポートにはしません。その場で文章にすることによって、もう一度考えを整理することになります。文章は、テキストエディタで書いてもらい、提出口に提出してもらいます。この回答は、次のセッションの最初の時間に取り上げて、コメントをします。

　以上がマイクロフォーマットを使った講座の枠組です。この枠組は時間の伸び縮みはあるものの、常に同じ順番で繰り返されます。変わるのは、問題提起と話題提供とディスカッションのテーマです。枠組は常に一定なのです。授業の形式はシンプルで一貫性のあるものがベストです。参加者には、講座の形式に注意を奪われるのではなく、その講座が扱っているテーマそのものに注意を振り向けて欲しいからです。

Column 2
私語は指定席システムで解決できる

　大学の授業で私語が問題になることがあります。私語をしている学生は悪気はないのだと思います。しかし、私語が邪魔になって教員の話がよく聞き取れないこともありますし、何より教員自身が気になってレクチャーに集中することができないでしょう。私語をしている人にいちいち注意をすれば、授業は中断しますし、全体の雰囲気はひどく悪いものになってしまいます。話はグループワークで十分にしてもらうことにして、教員がレクチャーをしているときは、話を聞き取ることに集中してもらいたいものです。

　私の授業では私語がほとんどありません。その秘密は、私の授業では、座席指定で座ってもらうということにあります。授業などおかまいなしにおしゃべりをするのは、たいていは例外的な少数です。その隣に座っている仲良しの友人は、それに付き合ってしまい、その結果としておしゃべりが拡大するのです。であれば、バラバラにすればいい。指定席システムを採用すると、友達がいたとしても離れ離れになります。授業で初対面の人といきなり私語をする人はめったにいません。そのため授業中の私語がないというわけです。

　私の授業では、4人をグループにした実習やワークを必ず入れています。その4人はランダムに編成して、席を指定します。そのために「第10章　参加者とコミュニケーションする」の中で紹介する「大福帳」を利用して席を指定します。

　連続した授業ではなく、オムニバスのような一回限りの授業の場合はどうすればいいでしょうか。その場合も、大雑把でいいので、ア行の人はこのエリア、カ行の人はここ、サ行の人はあそこ、という具合に指定します。そうすれば、仲のいい友達が隣同士になることはありません。また、誕生月で分けてもいいでしょう。座席指定をして、仲良しグループをバラバラにするのがポイントです。

第 5 章

[実習1]
講座のテーマと概要を決める

　この章では、講座のテーマを自分で決めて、コースを設計してみましょう。実例として、大学生を対象としたキャリア教育の短い講座を設計していきます。

　「第3章　講座を設計する」で説明したロケットモデルは、講座（コース）の全体を設計するときに有用なモデルです。このロケットモデルは以下の5つのパーツからなっています。

- エンジン：参加者のニーズ（これができるようになりたい）
- 操縦室：講座のゴール（こんなことができるようになります）
- 片方の翼：講座のリソース（レクチャー、テキスト、動画、実演など）
- 胴体：参加者の活動（練習、グループワーク、課題など）
- もう片方の翼：フィードバック（コメント、アドバイス、評価など）

　この中のエンジン（参加者のニーズ）と操縦室（講座のゴール）を決めていきましょう。これによって、講座のテーマと概要を決めることができます。

▶ 5.1 ニーズを見つける

　大学生の就職活動はインターンシップなどを含めて長期化する傾向にあります。また就職活動期にはさまざまな種類の情報が飛び交うため自分がどのような就職先を選べばよいのかについて悩みも大きくなりがちです。そこで、大学生を対象としたキャリア教育の一部を設計することにします。

　キャリア教育では、ただ単に自分に合った就職先とはどういうところかを考えるだけではなく、現在学んでいることと将来の仕事がどのように結びついているかを考えることも大切です。そのつながりを見つけることによって、現在進めている学習を意味のあるものにすることができるからです。

　以上のようなことを講座設計のためのニーズとして考えました。

ニーズを見つけるためのワークシート

1. 講座の対象とする人：

2. その人たちはどんなことで困っているか：

3. どんな講座を提供すればそのニーズに対応できるか：

4. 講座を受けた結果としてどんな効果が期待できるか：

5.2 ゴールを設定する

ニーズを調査した結果、以下の3点をゴールとすることにしました。

- 21世紀に重要となる技能とは何かを考える
- 自分に合った仕事の種類はどんなものかを考える
- 自分は本当はどのような仕事をしたいのかを考える

1番目のゴール「21世紀に重要となる技能とは何かを考える」は、自分のキャリアを考える前に、今自分が学んでいることの意味を再確認するために設定したものです。AIやロボットが生活や産業の中に浸透してくるにつれて社会は変わっていきます。そうした変化の中で、重要となってくる技能は何なのかを考えることで、自分が学んでいることの意味を再確認したいのです。あるいは、その学び方を変えていく必要があるかもしれません。そうしたことを考えることが1番目のゴールです。

2番目のゴール「自分に合った仕事の種類はどんなものかを考える」では、ホランドが提唱した職業選択理論のモデルであるRIASECを紹介します。この理論を紹介することによって、さまざまな会社や組織があるけれども、どこでも特徴のある仕事があるのだということを理解することがゴールです。さらに、RIASECのモデルにしたがって自己診断することによって、自分の特質を確認し、どんな仕事に向いているかを考えます。以上が2番目のゴールです。

3番目のゴール「自分は本当はどのような仕事をしたいのかを考える」では、自分の特質を知ることをもっと掘り下げます。就職活動では、どの会社を選ぶかということが先行してしまう傾向にあります。しかし、もっと大切なことは自分が何をしたいのかということです。とはいえ、自分が本

当は何を目指しているのかを知ることは簡単なことではありません。そこで、ここではキャリア理論の研究者であるサビカスが提案するインタビューの方法を使って、自分が本来何を志向しているのかということを探ることをゴールとします。

ゴールを設定するためのワークシート

1. 講座受講者ができるようになること：

2. さらに細分化したゴール：

3. ゴールを達成するための活動：

▶ 5.3
講座の枠組を決める

　最後に講座の枠組を確定します。これはゴール設定と並行して行うこともあります。本来はゴール設定をしてから講座の枠組を決める順番ですけれども、最初から講座の枠組が決まっている場合もあります。その場合は枠組に合わせてゴール設定を行います。

　まず受講生となる人を想定します。ここでは将来就職活動をすることになる大学1年生から3年生くらいを中心のターゲットとします。また、すでに就職活動を終えた4年生以上も受講する価値があるでしょう。就職に関する自分の判断を再評価することができるからです。また、同様の内容は高校生にも受講の価値があるかもしれません。自分のキャリアについて考えてみることは、いつでも良い影響を与えるでしょう。

　次に、受講生が前提として持っている知識とスキルを設定します。この事例の場合は特に条件なしで設定します。もし受講にあたって、知っておくべき知識やできるようになっておくべきスキルがあれば、受講生を募集するときに明示しておきます。

　講座の時間は、1コマを90分として、3コマとします。3コマを1日で連続して開講することもできますし、1コマずつ3週間にわたって開講することもできるでしょう。その時の条件に合わせて開講の形態を決めます。

　受講生の人数は、30人くらいから300人までを設定します。もちろん300人を受け入れるためには、その人数に対応した広い教室が必要です。そうした教室があれば、次に説明するコース設計にしたがって開講することができます。受講生の人数が多い場合は、講師のほかにアシスタントが必要です。

講座の枠組を決めるためのワークシート

1. 受講生となる人の想定：

2. 受講生が前提として持っている知識とスキル：

3. 1セッションの時間とその回数と頻度：

4. 受講生の人数とアシスタントの人数：

第 **6** 章

レクチャーをする

　講師の仕事として最も重要なことは参加者の前で話すということでしょう。これをレクチャーと呼びます。レクチャーがおしゃべりと違うところは、話の全体が構造化されていることと主張がはっきりしていることです。この章ではレクチャーについての次のような困りごとを解決するための方法を提示します。

- 大勢の前で話すときに緊張してしまい、うまく話せない
- 参加者の興味をひきつけることができなくて、内職をされてしまう
- 自分の話の流れがわからなくなってしまい、本題から外れてしまう

▶ 6.1 参加者の前で話す技術

　私は大学の授業で100人とか200人くらいのクラスを持って、そこに参加している学生の前で話しています。定期的に大勢の人の前で話す機会があるのは、教員や研修講師といった職業についている人でしょう。しかし、こうした職業についていない人でも、3人とか5人くらいの人の前で話をすることはあります。

　友達と一緒にお茶を飲んでいて、「そういえばこんなことがあってね……」とか「この前こんな映画を観たんだけど……」という出だしで話を始めれば、そこにいるみんながあなたの話を聞こうとするでしょう。その瞬間、あなたは「参加者の前で話す技術」を使って話をしていくことになるのです。

　「いやいや、そんなにすごいことじゃないですよ。私は単におしゃべりをしているだけですから」と言うかもしれません。しかし、単におしゃべりをしているとしても、そのおしゃべりがわかりにくい人と、わかりやすくてしかも面白い人がいます。つまり、おしゃべりの上手い人と下手な人がいるわけです。それはどこで分かれるのでしょうか。

■1 参加者の前で話す技術は誰でも必要なスキル

　アメリカやカナダでは、キンダーガーテン（幼稚園）から小学校の低学年では「Show and Tell」という活動を行うそうです。これは、子供が自分の好きなもの（おもちゃとか写真とか絵本など）を持ってきて、みんなの前でそれについて話をするという活動です。こうしたトレーニングを経て、自分の考えをうまく伝える技能やパブリックスピーキングといったスキルに繋がっていくのかもしれません。

　一方、日本では「Show and Tell」のような、みんなの前で話す機会やそ

のトレーニングというのはめったにありません。みんなの前で話すのは「偉い人」なのであって、自分たちには関係のないことだという暗黙の了解もあるように感じられます。

しかし現代では、誰もがみんなの前で話す機会がやってきます。喫茶店でのおしゃべりから、少人数での打ち合わせやミーティング、公式・非公式な会議や会合など。また、テーマの決まった講演やプレゼンテーション、報告会などをする機会もあるでしょう。みんなの前で話す技術は、教員や講師や「偉い人」だけのものではなく、すべての人に必要な技能となりました。

■── 2 「これについて聞いてほしい」という内容がまず最初にある

幼稚園の子どもが Show and Tell をやっている様子は、YouTube を検索するとたくさん見つかります。みんなすごく楽しそうに話していますね。なぜ楽しそうに話しているのかというと「このお人形について聞いてほしい！」「このオモチャのパトカーについて聞いてほしい！」という気持ちがあって、Show and Tell の時間にそれがかなえられるからなんだと思います。

私たちがやる大人の「Show and Tell」でも同じことです。「これについて聞いてほしい」という気持ちがまず最初にあります。そしてそれをみんなに聞いてもらう機会と時間があるわけです。そうするとみんなの前で話す機会がとても楽しいものになります。

私の講演や授業に参加してくれた方から、たまに聞かれることがあります。「先生はなんでそんなに楽しそうに話しているんですか？」と。そう聞かれて気づきます。あまり気にしたことはなかったけれども、私が話しているときは楽しそうに見えるんですね。必ずしもいつも楽しく話しているわけでもないのですが、実際話していて楽しいなあと思うことはしばしばあります。

その理由は簡単です。私が「これについて聞いてほしい」と思っている内容があって、それを大勢の参加者に聞いてもらえているからです。たとえ聞いてほしいと思っている内容があっても、聴衆がつまらなそうにして

いると、私も楽しくありません。そんなときは、だんだん話の流れも悪くなり、ますます参加者も退屈し、しまいには自分で話していてもつまらなくなってしまいます。

3 楽しく話すための条件

そうすると、楽しく話すことができるためには次の2つの条件がそろうことが必要です。

1. 講師が「これについて聞いてほしい」という内容を持っていること
2. それを聞いている参加者が面白そうに聞いていること

誰でも「これについて聞いてほしい」と思っていることがあります。面白い体験やびっくりした体験、読んで面白かった本、観て感動した映画、自分のちょっとした体験の中から考えたことなど、それを話して相手にわかってほしい、広めたいと思っていることがあります。

そうなると、それを聞いている人が面白く聞いてくれるという条件がそろうかどうかが、楽しく話すことができるかどうかの決定要因になります。(1)を(2)につなげること、つまり、聞いてほしいと思っている内容を、相手が聞いて面白く思ってもらえるような形にすることがポイントです。これが「参加者の前で話す技術」ということです。

聞いてほしいと思っている内容を、聞いて面白いと思ってもらえるような形にする技術が必要です。それはどのような技術でしょうか。

▶ 6.2
聞いてもらえる話し方

　参加者に面白いと思って聞いてもらえる話をするにはいくつかのコツがあります。

　1つ目は、なるべく早く本題にはいることです。講師が話したい内容に思い入れがあればあるほど、本題にはいる前の前置きが長くなりがちです。実際、その前置きや裏話が面白いことはあるのです。しかし、講師として話す場合は、できるだけすぐに本題に入りましょう。前置きや裏話はそのあとにとっておくのです。

　2つ目は、話すための原稿を作らないということです。原稿を作ってしまうとついそれを読んでしまいます。自分の話し方に自信がないときほど原稿を作ってしまいがちです。しかし、目の前の講師が原稿を読み始めると参加者は例外なく寝ます。原稿を作っていけません。

　3つ目は、20分で区切ることです。もっと長く話したとしても30分で区切ります。なぜなら、どんなに講師の話が面白くても、人間の注意力は20分くらいで切れてしまうからです。話がどんなに面白くても、です。ですので、そこで何か別の活動に切り替えます。そうすると次の話を始めるときにまた注意力が復活します。

　以上の3点を詳しく説明しましょう。

■ 1 前置きなしに本題に入る

　聞いてもらうための話し方の第一のポイントは、「前置きなしに本題に入る」ということです。特に講師としての初心者であるほどそうするのが良いでしょう。

　話の下手な人ほど前置きが長いという傾向があります。しかし本人は自分は話が上手いと誤解しているのです。なかなか本題に入らずに、前置き

ばかりを話していると参加者はだんだんイライラしてきます。ですので、前置きをなくすかあるいは極限まで短くして、まず最初に最も重要なことを言うようにしましょう。「今回の話は、〜〜ということをお話ししたいと思います。」ということから話を始めるのが吉です。「結論ファースト」ということです。

なぜ前置きをなくすかというと、前置きの話が長くなると、参加者の注意がすぐに消費されてしまうからです。ですからまず話の結論を明らかにして、「お、これは真剣に聞かなくてはならないな」という気持ちを聴衆に起こすことが大切なのです。

前置きとして、参加者の興味を引くような面白い話をすることができるのであれば、いいでしょう。上手な講師であればそういうこともできます。しかし、参加者全員の興味を引くような話というのは、実はとても難しいのです。特に性別も年齢層もバラバラという場合は共通して面白そうな話を探すのは困難です。たとえ聴衆の一部の人にうけたとしても、それ以外の人は逆に疎外感を持ってしまうという副作用があります。

そうであれば、前置きなしにいきなり本題に入りましょう。その話こそがそこに集まっている参加者が一番聞きたいことなのです。

2 原稿ではなくプロットを作る

あらかじめ時間が決められ、そこで話す内容も決められたものである場合、自分用の原稿を作って、それにしたがって話そうとする人もいると思います。話のための原稿を書くことそれ自体は問題ありません。しかし、話すときに原稿を読むのはだめです。

講師が原稿を読み始めると、聴衆は寝ます。もし原稿そのままを読むのであれば、それを印刷して配ればいいだけのことです。話す必要はないのです。参加者が話を聞きに来るのは、原稿を読むだけではない、何かダイナミックなものを求めてきているのです。ですから、丁寧な原稿を作ってきたとしてもそれを読んではいけません。原稿を読んでいいのは、祝辞とか答辞とか儀式的なもののときだけです。

そうするとそのまま読めるような原稿を作ることは、逆にしない方がい

いということになります。そのような原稿を作ってしまうと、読みたい衝動にかられるからです。そこで、原稿を作るのではなく、プロットをメモとして作るのがいいでしょう。プロットというのは、話の材料とそれを順番に並べたものをメモにしたものです。

プロットを作っておけば、どんなトピックをどの順番で話せばいいかということがわかります。あがってしまって、話の途中で混乱しても、プロットを見れば元の話に戻ることができます。このプロットをポケットに入れておいたり、手に持っていれば、お守りのように安心することができます。

混乱したときは「次に何を話せばいいか忘れてしまったので、ちょっとメモを見ますね」と言ってメモを見ればいいのです。聞いている方はまったく違和感はありません。逆に、誠実に話そうとしているのだなということが伝わります。

ということでプロットは作って話に臨みましょう。だけど原稿を作る必要はありません。原稿を作る時間があれば、プロットを見ながら話す練習にその時間をあてた方がいいと思います。

3 話を20分で一区切りする

　講座の1セッションは60分あるいは90分の長さです。さらに続く場合はそこで休憩が入ります。大学の授業も90分あるいは100分となっています。大学教員はとにかく話をしたい人が多いですし、そもそもそういう人が大学教員になるので、この90分間をひたすら話し続ける教員も多いのです。

　講師本人はそれでいいでしょう。そういう講師は乗ってくればいくらでも話せます。しかし、参加者に聞いてみると「キツイ」と言います。これが聞いている人の正直な本音です。ポイントは、話がつまらないということではないということです。たとえどんなに話が面白くても、それを90分間聞き続けるのは「キツイ」ということです。それは長時間注意を集中させることが、心理学的に不可能だという事実によります。

　そこで講師の話を20分で区切るということをおすすめします。第4章で

パイクの「**90/20/8の原則**」(p.52)を紹介しました。そこでは、レクチャーは長くても20分程度にしなくてはいけないと示唆されていました。20分を超えるとどんなに集中力のある人でも集中力が途切れてくるからです。

　話が長くなって20分を超えてくると、つい、あくびをしてしまう参加者も出てくるでしょう。あくびをする人が目に入ると、講師は焦ります。「あれ？　私の話が面白くないのかな？」と考えてしまいます。そうするとますます焦って話が収拾つかなくなって、さらに話が長引くという悪循環になってしまうのです。

　ですから話したいことがらがいくつかあるとしても、1つの話題については20分以内でまとめるようにします。1つの話題を20分でまとめたらそのあとどうするのでしょうか。質問をうけつけるのもいいでしょう。質問を紙に書いておいてもらうのもいいでしょう。あるいは隣の人とペアを組んでもらって、今話したことについて簡単に感想を言いあうというのもいい活動になります。こうした活動についてはこのあとの章で詳しく述べます。

　要するに、「集中して話を聞く」というモードを、20分を区切りとしていったん解除してもらうということなのです。モードを切り替えることで、参加者の集中力が回復します。集中力が回復したあとで、2番目の話題に入っていけばいいのです。

6.3 スライドからマップへ

　前節では、レクチャーをするときは、原稿を作るのではなく、プロットをメモしたものを持つだけで十分だといいました。しかし、スライドを作って、それを提示しながらレクチャーをすれば、プロットも必要ありません。なぜなら、話すべき内容はすべてスライドに書いてあるからです。この節では、スライドを提示しながら話をすることの効用について紹介したあと、スライドをマインドマップ形式に変更することでさらに良い効果が生まれることについて述べます。

1 スライドの効用

　挨拶などの短いスピーチではスライドを使う必要はありません。しかし、それ以上の長さのなんらかの構造を持ったレクチャーをする場合は、可能な限りスライドを使うことをお勧めします。スライドには次の3つの効用があります。

- 話し手の台本となる
- 聞き手の理解を促進する
- 話した内容の資料として残る

　1つ目の効用は、スライドが講師の台本として使えることです。ある程度の長さの話の流れを頭の中に記憶することは負担がかかります。つい、次に話す内容を忘れてしまうこともあります。そういうときは、スライドを見ればいいのです。スライドに次に何を話すべきかというヒントが書いてあります。スライドを作っておけば、講師は記憶の負担から解放されて、のびのびと話をすることができます。

2つ目の効用は、スライドが参加者の理解を促進することです。講師自身は、自分のレクチャーの流れと構造がわかっています。しかし、参加者はレクチャーが一区切りするまではそれを知ることができません。そこで、スライドによって全体のどこの部分を話しているのかということを視覚的に示しておけば、それは参加者にとっての「話の地図」として助けになります。「今、話していることは全体の中のこの部分だな」ということがわかっているので安心して聞くことができるのです。

　逆に、スライドに書いていないことを話しているとすれば、「これは脱線した話か、あるいは今思いついた話だな」ということがわかります。レクチャーでは、脱線した話や余談の方が面白いことがしばしばあります。余談であるということを示すマーカーとしてもスライドは役に立つのです。

　3つ目の効用は、スライドをまとめて資料として配付すれば、それは参加者の手元に残ります。それはのちに資料として役立つかもしれませんし、またレクチャーの内容を思い出すためのきっかけとなるかもしれません。ですので、スライド資料を印刷して配付することをお勧めします。

　スライド資料を配付するとき、レクチャーの前に配ってしまうのが良いのか、あるいはレクチャーが終わったあとに配るのが良いのかという問題があります。私は、話の前に配ってしまうことをお勧めします。自分の話が「ネタバレ」してしまうことを嫌う講師もいるでしょうけれども、その「ネタ」がよほど面白いものでない限り、バレてしまっても問題はありません。

　逆に、スライド資料が事前に手元にあれば、参加者はその内容を予習することができますので、それは話への集中力を高めるものとなるでしょう。資料が手元にない場合は、講師はウォーミングアップとしての導入の話をする必要がありますが、資料が事前に配付されていれば、「前置きなしに」本題に入っても大丈夫です。

■― 2 レクチャー用のスライドの作り方

　スライドの作り方については、それこそさまざまな流儀がありますし、スライドの作り方だけで一冊の本にもなるくらいです。私の場合は、スライドには必要最小限のことしか書かないということを基本としています。

逆にスライドを詳しく書く場合は、話の方を省略するようにします。「詳しくはスライドをご覧ください」という形です。

スライドを台本のように詳しく文章の形で書く人がいます。そしてレクチャーではそれをそのまま読んだりします。しかし、これは絶対に避けるべきです。なぜなら、参加者が「この人はスライドを読むだけだな」と気づいたとたんに、講師の話を聞かなくなるからです。それは当然のことです。なぜならそこに書いてあるからです。

ですので、スライドに書くことは必要最小限のことだけにします。できれば箇条書きの形式にして、文章体は避けます。さらに理想的なのは、キーワードだけにしておきます。キーワードだけが提示されているのであれば、参加者は一瞬でそれを読み取り、あとは講師の話に耳を傾けてくれるのです。レクチャーを聞いてほしいと思うのであれば、スライドは簡潔に作りましょう。

スライドを作ったら、それをまとめて印刷した資料も作ります（図6.1）。スライドの並べ方は、ページの左半分には、縦にスライドを4つ並べます。ページの右半分には、ノートが取れるスペースを罫線付きで置いておくといいでしょう。

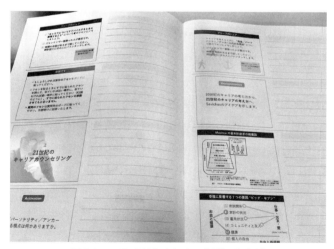

図6.1　スライドをまとめて印刷した資料

このようなスライド資料を作って参加者に配付すると次のような効用があります。

1つ目は、メモのスペースがあることによって、参加者がメモなどの書き込みをしたくなります。それだけ参加者が熱心に聞いてくれます。2つ目は、この資料を手元に残したくなります。3つ目は、この資料を使って人に伝えることができます。参加者の友だちから説明を求められたときは、この資料を使って説明することができます。

3 スライドからマップへ

前項でスライドの効用について説明しました。スライドは講師にとっても参加者にとっても非常に便利です。しかし、弱点もあります。弱点の1つ目はスライドを作るのに手間がかかるということです。デザイン的にすばらしいスライドを作ろうとするとやたら時間がかかります。一方で、出来合いのテンプレートを使うと「どこかでみたような」スライドになってしまいます。

もうひとつの弱点は、スライド一枚一枚が独立しているので、ストーリーの流れがわかりにくいことです。また、話が階層構造になっている場合もそれがわかりにくいという欠点があります。次のスライドに進むと前のスライドはもう見ることができないので、そのつながりがわかりにくいということです。スライドが切り替わったとたんに、前の話を忘れてしまうという体験は多くの参加者がしていると思います。

そこで、レクチャーのガイドとして、スライドを使うのではなく、マインドマップ的なものを使うというアイデアが出てきます。これは私が発見したのではなく、YouTubeの動画を見ていて、マップを示しながら話をしている人を見つけたのです。それは『両学長 リベラルアーツ大学』というチャンネルです。お金の話などのためになる動画を出しているチャンネルです。話のアウトラインをマップ形式にして、それを展開しながら話していくというスタイルでした。

初めてこれ[*1]を視聴したとき、目から鱗でした。最初はアウトラインを

---

*1 たとえばYouTubeチャンネル『両学長 リベラルアーツ大学』「第4回 大学へ行く必要はあるか？【人生論】」(https://www.youtube.com/watch?v=CnCZFQ74LFM)の0:57秒あたり。

閉じておいて、話が進むにつれてそれを広げていくのです。こうすると自然な形で、話の流れとマップが同期します。

それを見てから、Macで使えるマップアプリを探して、SimpleMindというアプリに行き着きました。Mac版、Windows版、モバイル版があります。まず無料版を試してみてから、フィーリングが合えば購入すればいいと思います。使いやすさとデザインの美しさを考慮すると、購入の価値はあります。

マップで書いていくと、図6.2のマップのように階層構造が明確に表現できます。これを示しながら話を進めていくと、話す方も聞く方も、「いま、どの深さの話題を扱っているのか」ということが確認しやすくなります。

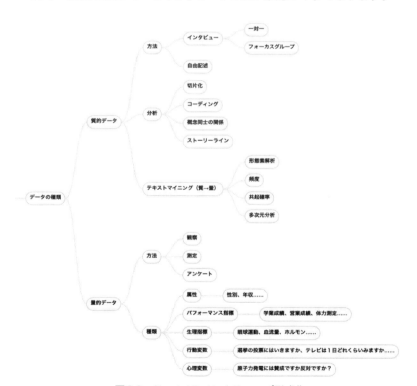

図6.2　SimpleMindによるマップ形式化

このようにマップを作っておけば、ここから一部をスクリーンショットで切り出して、スライドに貼り付けることができます。スライドを作ったほうが話しやすい場合や、スライドを作って欲しいと依頼された場合は、このようにマップからスライドを作ることができます。スライドを作る必要がない場合は、直接マップを示しながら話をすればいいでしょう。

4 スライドとマップの比較

　スライドの提示とマップを展開しながら提示するのでは、どちらが良いのでしょうか。私の授業で数年に渡ってアンケート調査を行ったところ[*2]、参加者のおよそ4人のうち3人はマップの提示をより好むということがわかりました。これは、これから先もマップを使っていくことを決心させる材料となります。

　なぜマップの方を好むのかという理由を書いてもらっています。それをまとめると、次のような点でマップが好まれるということがわかりました。

- つながり、構造、全体像がわかりやすい
- キーワードや短文で書かれていて、文字の量が少ない
- 思考の整理に役立ち、あとで復習しやすい

　これを見ると、レクチャー全体の流れと構造がマップによって可視化されるという特徴が、参加者に好意的に受け取られたということがわかります。レクチャーがそれ以外の講演や講話と違っている点は、話全体の構造があるというところにあります。マップによる提示はこの全体構造を話の流れとともにわかりやすく提供することによって、参加者の理解を支援しているといっていいでしょう。

　参加者からは「スライド資料をもらうと、スライドだけを見て講義をそ

＊2　向後 千春 (2021). 授業ビデオにおけるマップ提示と学生参加の効果：パイロットスタディ. 日本教育工学会2021年秋季全国大会講演論文集, pp.107-108.

れほど真面目に聞かない可能性もある」という意見もありました。マップは全体像やトピックのつながりがわかりやすい一方で、その詳細は書ききれないところがあるので、その部分は講師の話を集中して聴くということになるでしょう。これもマップを講座で使うことの効果として挙げられます。

■─ 5 マップを使うことの利点

　私はこれまで長年にわたって、授業用のスライドを作り続けてきました。スライドを作るときは、そこに書くべき内容を考えることが作業の中心になります。同時に、実は、スライドのデザインや配色や背景やフォントなどを決めていく作業もまた重いものでした。しかし、そこで手を抜くと一気にチープなスライドになってしまうので、手を抜けなかったのです。

　見栄えがよく、気の利いたデザインのスライドは、印象的です。しかしそれと同時に、なんとなくわかったような気にさせてしまうという副作用があります。とりあえずの箇条書きは、論理の破綻をうまく隠してしまいます。スライドは、ロジックやストーリーを語る上で必ずしも最適なメディアではなかったのです。

　一方、講義をする方から見ると、マップを使うというのはどのような体験なのでしょうか。マップを作っていくという作業は、スライドを作るよりはるかに楽な作業です。それは、デザインに気を使う必要がないからです。話す内容のロジックとストーリーにひたすら集中して、それをマップに記していくという体験です。

　マップの特質上、このトピックはここにつなげてとか、トピックの順番を入れ替えるなどの作業はお手のものです。スライドの入れ替えとは比較になりません。それは、スライドは一枚ずつが、いろいろな情報のチャンク（かたまり）になってしまっているからです。チャンクを解きほぐすのはしんどい作業なのです。

　このようにして、ロジックとストーリーによって美しく配置されたマップができあがります。美しくないマップももちろんありますけれど、それはそのマップを提示しながら話してみると必ず破綻するのですぐにわかり

ます。
　以上のような理由で、私はこれから講座でレクチャーをする人にはマップを使うことをお勧めします。すでにスライドを長年使ってきたという人にも、マップを試してもらいたいと思います。

第 7 章

グループワークを
実施する

　私の講座ではグループワークを必ず入れています。レクチャーや知識伝達が中心の講座であっても、グループワークを入れることで全体として効果的なものになります。この章ではグループワークについての次のような困りごとを解決するための方法を提示します。

- グループワークを手軽にかつ効果的に行う方法がわからない
- グループワークのとき、次第にだれた雰囲気になってしまう
- グループごとに評価をすると、メンバー間で不平不満が出てくる

▶ 7.1 いつでも使える グループワークの方法

私が使っているグループワークの標準的な方法は以下のようなものです。

- グループは4人を基準にして編成する
- 時間は10〜15分以内で行う
- 発表グループを決めて全体シェアを行う
- 可能なら発表を板書して、コメントする

以下に詳しく説明していきましょう。

1 グループは4人で編成する

グループは4人を基本として編成します。人数が足りない場合は3人のグループを作ってもかまいません。グループの人数については、最大6人まで試してみましたが、4人が最適であると感じています。それは、フリーライダー（ただ乗り）のメンバーが出にくいということによります。6人くらいになると何もせずにスマホをいじったりするメンバーが出てくる可能性があります。それはグループの雰囲気を一気に悪くしてしまいます。しかし、4人のグループではお互いに良い雰囲気を維持できます。

グループを編成するときはランダムにします。参加者同士で顔見知りの人がいたり、上司部下の関係であったりする場合は、できるだけ同じグループにならないようにランダムに編成します。これは、心理的なプレッシャーがかからないようにするためです。参加者があらかじめ把握できないときは、受付で「知り合い同士は離れて座るようにしてください」とお願いするとよいでしょう。

グループワークをすることがわかっている場合は、初めから机をアイランド型に配置して、それぞれ4つの席を作るとよいでしょう。固定机の場合は、前の2人とその後ろの列の2人で1つのグループを作るようにします。図7.1は150人規模のクラスで、4人グループを40組配置した場合の座席です。前の列の2人と後ろの列の2人が1つのグループになります。また、横のグループとは空席を設けて、お互いにじゃまにならないようにします。1列目の座席は、配付物や回収物のために使うことがあるので、空けてあります。

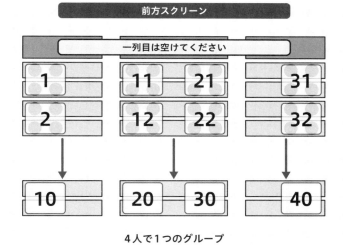

図7.1　150人規模のクラスで、4人グループを40組配置した場合の座席

2 時間は10〜15分以内で行う

グループワークの時間は10分を標準として、長くても15分で終わるようにします。15分を超えるとだれてしまい、テーマに関係のないことをしゃべったり、スマホをいじり始めたりします。もし、グループで作業したり、何かを作ったりする場合で30分以上の時間が必要だと見積もられたときでも、15分ごとにブレイクを入れて、このあとで説明する全体シェアを行います。

意見交換のグループワークであれば10分程度で十分です。この場合は、グループワークに入る前にお題（テーマ）を明確に提示します。たとえば、「以上のレクチャーを聞いて印象に残ったことは何ですか」や「レクチャーの中で自分の現場で使えそうなことがあればそれについて話してください」というような指示をします。

　10分の時間であれば、4人で割ると1人あたり2分くらいの時間が割り当てられます。2分というのは短いように感じられるかもしれません。しかし、実際に話してみると十分な内容を盛り込むことができます。時間が足りないという場合は、その人の考えがまとまっていないときなのです。

　そうしたことを回避するために、意見交換をする前に参加者各自がポストイットに考えをメモする時間を設けてもいいでしょう。これは1～2分で十分です。メモが完全にできなくても、時間が来たら発言に移行しましょう。「まだ書いている途中かもしれませんが、メモですので気にせず、話をするときに補ってください」というのが指示のセリフです。

　発言の順番は、じゃんけんで一番勝った人から時計回りに話すのが一番簡単で公平な方法です。これもグループワークを始めるときに指示しておきます。このとき、なぜかじゃんけんで盛り上がります。講座とじゃんけんのミスマッチが楽しいのかもしれません。これは、じゃんけんの意外な効用です。この指示があれば、誰が最初に話すかということでもめなくてすみます。本題以外のことで時間を使わないようにすることは、全体の雰囲気を締まったものにする効果があります。

　この形式のグループワークは10分程度ですので、気軽に入れることができる一方で、その効果は大きいものがあります。まず、与えられたお題について考えて、メモを作るので、脳が活性化します。これはレクチャーという比較的受動的な活動から、自分で考えて話すという能動的な活動に切り替わることによる効果です。

　また、グループ内の他の参加者からの多様な意見を聞くことで、自分の考えと比較して検討することができます。このように自分の意見を相対化することをメタ認知と呼びます。メタ認知は広い視点からテーマについて考えるために重要な活動です。

さらに、グループワークによって参加者メンバーがお互いに知り合い、講座全体の雰囲気が良くなるという効果もあります。このような形式のグループワークを適宜入れていくことによって、講座は活性化します。また、参加者が自分で取り組んでいるという感覚を高めるのに貢献するでしょう。

3 全体シェアを行う

グループワークでは、各自がポストイットに考えをメモすることで、テーマについて頭を活性化します。それをメンバー間で発表し合うことによって、自分とは違った意見を受け入れ、そこからインスピレーションを得ることができます。また、順番を決めるのにじゃんけんをすることも気晴らしになるようです。よくじゃんけんのときに笑いが起こります。

これだけでもグループワークの効果は十分得られます。しかし、各グループは自分のグループ以外でどのような意見が出たのかを知ることができません。かといって、全部のグループに発表してもらうのは時間がかかりすぎます。そこで、1つのグループを選んで、そのメンバー全員に発表してもらうようにします。これを全体シェアと呼びます。

グループを選ぶときはサイコロを使うのがいいでしょう。恣意的なものが入らず、公平性が保たれるからです。これを講師が自分の好みでグループを指名すると、「なんであのグループが指名されたのだろう」などの余計な詮索を生んでしまいます。

サイコロは1から6までのものではなく、10面体のサイコロを2つ用意しておきます。グループ数が2桁になっても対応できるからです。こういうところに時間をかけずにスマートに進めるのがコツです。10面体のサイコロはAmazonなどで手に入ります。サイコロを持ってくるのを忘れてしまったときは、インターネットで「ルーレット」で検索して、ルーレットを使うといいでしょう。

グループを選んだら、メンバーひとりひとりにマイクを回して、先ほどのグループ内発表を同じことを話してもらいます。そこで新しいことを考えさせる必要はありません。これは発表者に余計な負荷をかけないためで

す。人によっては大勢の前で話すこと自体に負担を感じる人もいますので、こうすることでできるだけ負荷の小さい環境で話してもらいます。

■ 4 全体シェアでの発表を板書する

　講師はその発表を聞きながらホワイトボードに板書していきます。全部は書ききれませんので、要点だけを書いていきます。その一例を写真で示します（図7.2）。

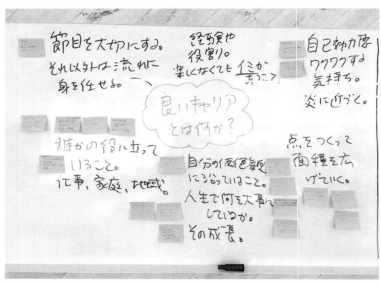

図7.2　グループワークの発表を板書する

　この写真では、真ん中に「良いキャリアとは何か？」というお題が書かれていて、そのまわりにメンバーの意見の要約が書かれています。これは講師が発表者の話を聞きながら、まとめて書きます。おそらくセミナーの中では講師が一番「汗をかく」場面ですね。色々な意見が出てきますので、耳を澄ませて、よく聞いて、それを文字にしなくてはなりません。

　ちなみに、そのまわりに貼り付けられているポストイットは、休憩時間中に任意で自分が書いたメモを貼ってもらったものです。このようにする

と、全体としてどのような意見が出たのかを一望することができます。これを写真に撮ってもらうと、のちのち良い資料になるでしょう。

最後に、板書を見ながら講師がコメントしていきます。こうすることによって、参加者は自分たちの意見が尊重されているということを感じるでしょう。

ここでどのような意見が出るかは、予想がつきません。台本通りに行くとは限りません。それだけに講師の勝負どころになります。ここでの意見をうまく取り入れて、次の話に乗せていくことができるかというところで、講師の力量が測れます。それはチャレンジする価値のあることです。

5 全体シェアの実例

全体シェアで発表をしてもらった実例を紹介しましょう。これは「大学職員のためのインストラクショナルデザイン入門」の講座を4時間で開催したものです。参加者は21人で、大部分が大学職員の方でした。4時間の研修でしたので、中間あたりに「デモ授業」を入れて、議論の材料にしてもらいました。

途中でグループで議論をしてもらってから、1つのグループをサイコロで選んで、発表してもらいました。その発表内容は私がホワイトボードに板書します。こうすることで、一人一人の意見を尊重しているということが伝わります。また、板書した内容から、さらに説明を深めることができます。

いくつかの板書をご紹介しましょう。これは最初のアイスブレークで、「研修に参加した理由」というテーマです（図7.3）。これで皆さんがどんな目的で参加しているかがわかります。

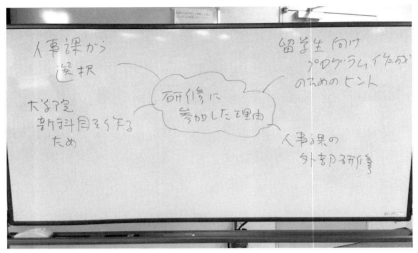

図7.3 「研修に参加した理由」というテーマの板書

次は「あなたが考える上手な教え方とはどんな教え方ですか」というテーマの板書です（図7.4）。参加者が教えるということについてどんなイメージを持っているかがわかります。

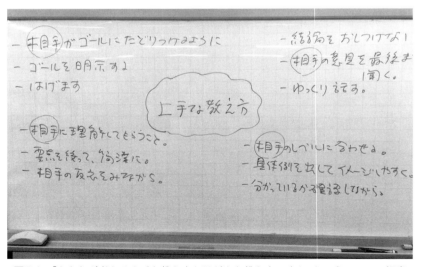

図7.4 「あなたが考える上手な教え方とはどんな教え方ですか」というテーマの板書

7.1 いつでも使える グループワークの方法

　最後は、研修の締めくくりに「このセミナーで印象に残ったところをあげてください」というテーマで発表してもらったものです（図7.5）。これで講師の力量が試されますので、板書するのも緊張します。

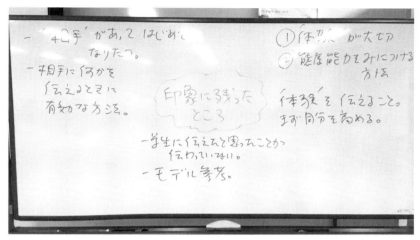

図7.5 「このセミナーで印象に残ったところ」というテーマの板書

▶ 7.2
単発の講座ではミニワークを使う

　講座が単発のものでも、3時間以上の長さであれば、グループワークをいくつか入れることができます。しかし、60〜90分の長さの場合はグループワークを入れようとしても1つくらいしか入りませんので、中途半端なものになってしまいます。

　そういうときは無理にグループワークを入れずに、最初と最後にミニワークを入れるとよいでしょう。

■ 1 「チェックイン」のグループワーク

　最初のグループワークは「チェックイン」です。近くの人で3〜4人でグループを作ります。そしてじゃんけんで一番勝った人が最初に話します。自己紹介をしてもらってから「どんなきっかけでここに来ることになったのか」をひとり1分で話してもらいます。これが最初のチェックインです。

　「どんなきっかけでここに来ることになったのか」以外に講座のテーマに関連することを話してもらうのもよいでしょう。たとえば講座が授業改善のテーマであれば、「授業で困っていること」を話してもらうと講座の内容につながっていきますので、講座全体の一貫性が上がります。

　1人あたりの時間は1分です。1分であれば、話が苦手な人でも、もてあますことはありません。逆に少し足りないくらいの方が全体として活気が出ます。ですので一人1分ということにしています。時間を測るのにはキッチンタイマーが便利です。

　全員が終わったら10面体のサイコロを振って1つグループを選び、グループの全員に発表してもらいます。発表といっても、今話したことをそのまま繰り返せばいいので、難しいことではありません。それを聞きながら講師はホワイトボードにメモしていくといいでしょう (図7.6)。

7.2 単発の講座ではミニワークを使う

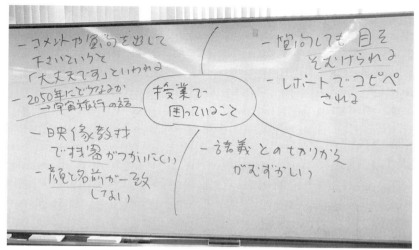

図7.6　グループワークの発表を板書する

　板書したあと、ひとつひとつにコメントしながら、レクチャーをスタートします。これは自然でもありますし、今まさに話に出てきた話題からスタートしますので、自然に聞き手の注意を引くことができるのです。

■──2 「ふりかえり」のグループワーク

　レクチャーが終わったら「ふりかえり」のグループワークをします。チェックインと同じように3〜4人のグループになってもらって「ふりかえって印象に残ったこと」を一人1分で話してもらいます。

　全員回ったら、サイコロを振ってグループを指名します。そして同じように一人ずつ話してもらいます。講師はホワイトボードにメモします（図7.7）。そうして簡単にコメントしていきます。この時間をとることによって参加者一人ひとりの頭の中が整理され、記憶に残ることが期待できます。

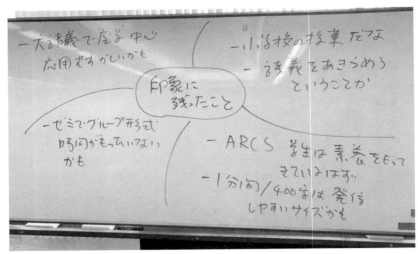

図7.7 ふりかえりのグループワークの発表を板書する

　このミニワークは講座の内容がどんなものでも使うことができますので、とても便利です。ぜひ試してみてください。

▶ 7.3 グループ同士で発表する

　グループワークで、意見交換だけではなく、何かを作るなどの共同作業をした場合、最後にそれを発表することを設定すると目標が明確になり、グループワークが効果的なものになります。そのとき、すべてのグループが参加者の前で発表すると、どうしても時間がかかってしまいます。そこで、グループ同士で発表をしてもらうと時間を短縮することができ、結果として発表が締まったものになります。

　具体的には、3つのグループをひとつのまとまりとして、その中で交代に発表を行うというものです。この方法を使えば、グループの数がどんなに多くなっても、ひとつのグループの発表と質疑の時間を10分として、30分で終えることができます。ただし、同じ会場で同時に発表をしなければならないので工夫が必要です。特にスライドの投影が使えませんので、それに代わるプレゼンテーションの方法が必要です。

■― 1 紙芝居プレゼンテーションで発表する

　そこで「紙芝居プレゼンテーション」(KP法)という方法を使います。KP法とは川嶋直氏が考案したプレゼンテーションの方法です[*1]。具体的には、A4判のコピー用紙を横長に使い(KPシート)、そこに大きくメッセージやキーワードを書き、話をしながら順次ホワイトボードに貼り出していくという方法です。標準的には次のようなものです。

- KPシート10〜15枚で1つのテーマ(KPセット)を構成する
- KPセットはひとつで2〜5分で話し終える分量

---

*1　川嶋直『KP法 シンプルに伝える紙芝居プレゼンテーション』みくに出版, 2013

- 5人から30人くらいの場面で有効

　発表の準備として、まずKPシートを作ります。これは手に入りやすいA4判のコピー用紙に太い色ペンでキーワードやイラストを書いていきます。使う色ペンとしては、水性で裏うつりしないプロッキー（三菱鉛筆）という商品がおすすめです。

　KPシートの枚数は10～15枚でワンセットです。パワーポイントでスライドを作るのに比べるとアナログです。しかし、参加者同士でワイワイ言いながらの手作業はグループワークとして良い雰囲気を作り出します。

　この枚数は5分程度で話をするのにちょうどよい分量です。ひとつのグループが5分発表して、質疑応答に5分かかるとすれば、全体で10分の時間を設定するといいでしょう。

　発表するときは、ホワイトボードにKPシートを順番に貼り出しながら話すとわかりやすいのですが、グループが多い場合はその数のホワイトボードが用意できないこともあります。そのときはKPシートをメンバーに持ってもらって発表します。これもメンバー間の協力を要請しますので、良い雰囲気を作り出すでしょう。

2　KP法による発表の実例

　実例として、インストラクショナルデザインの実践編的な位置づけの講座で、受講生に90分の授業を企画してデザインしてもらったものを紹介しましょう。4人で1グループを組んで、4週間に渡って制作を進めるプロジェクト学習です。

　この最後のプレゼンテーションの段階で、KP法を使いました。ここでは、10枚のシートを使って5分でプレゼンテーションをするという条件で行いました。

　結果としてはKP法によるプレゼンテーションは使いやすいということがわかりました。200人の授業でしたので、KPシートを貼り出すホワイトボードは用意できません。メンバーはKPシートを手持ちで見せます（図7.8）。話をするメンバーはKPシートがあるおかげで迷わずに話すことが

できますし、話を聞く方もシートを見ることで理解が速くなります。

　大人数の授業でも、またスライド投影ができない授業でも、KP法は発表の方法として広く使えます。

図7.8　KPシートを手持ちで見せる

■─3　KPシートを書画カメラで映す

　もうひとつの実例は、「病院内教育担当者」の研修です。その最終回で、講座のテーマを決めてコース設計をして、そのデモンストレーションを15分で行うというものでした。

　デモンストレーションのためのKPシートを作成して、デモンストレーションの準備をします。このようなグループワークではKPシートをグループで作ってもらうのが有効です。パソコンでスライドを作る場合に比較すると、メンバーでどのシートを作るなどの分担が簡単にできます。

　グループの数は全部で10でしたので、全グループのデモンストレーションを行いました。講座のデモンストレーションは15分間のダイジェストでやってもらいました。15分間使い切るグループもいる一方で、10分内に収まるグループもありました。だいたい15分あれば十分なデモンストレーションができることがわかりました。デモンストレーションが終

わると、3分間で全員がコメントシートを書きました。

このケースでは参加者人数が30人を超えていましたので、KPシートはそのままでは後ろの席の人は見にくい状態でした。そのため、KPシートを書画カメラからスクリーンに映すという方法をとりました（図7.9）。これは効果的でした。手書きで個性あるKPシートをスクリーンに大写しにすることで、迫力がありました。

図7.9　KPシートを書画カメラからスクリーンに映す

7.4
グループワークの評価をどうするか

　グループワークの評価をどうするかということは頭の痛い問題です。各参加者の意見を発表するだけであれば、特にそれを評価する必要はありません。しかし、前項で紹介したように、グループごとに発表をするようなケースではなんらかの評価をした方がいい場合があります。

　実際は、発表するまでの段階でグループワークの目的はほぼ達成しています。それは発表に至るまでの話し合いやKPシートを作る作業といったプロセスを踏んでいるからです。発表そのものはそのプロセスの最後のワンショットに過ぎないのです。

　そのように考えると発表の評価はゲーム的にしたほうがいいでしょう。それは成績を決めるというのではなく、参加者全員が評価に加わり、すばらしいものを讃えるという場にしたいからです。ですので、参加者全員に評価シートを配り、そこに点数を書いてもらいます。できれば、コメント欄を設けて、どこがよかったか、あるいは改善すべき点はどこかということを書いてもらうといいでしょう。このように進めると、参加者は真剣に発表を聞いてくれます。

　以上のようにグループの発表を参加者がお互いに評価します。しかし、グループ内のメンバー同士の評価はしません。もちろん一生懸命やったメンバーもいる一方で、「タダノリ」に近い形でしか参加しなかったメンバーもいるでしょう。それをわかった上で、メンバーの個人評価はしません。それをやると雰囲気は確実に悪くなるでしょう。

　グループ全体の成果の評価は行います。しかし、メンバー間の貢献度合いに関する優劣はつけません。たとえそうしてもチームの活動の仕方について学んでくれることはありませんし、むしろメンバー間の協力関係を阻害します。

では、何らかの成績をつけなくてはならない場合、グループワークの取り扱いはどうするのかという問題があります。私はいろいろ試した結果、グループの成果を評価してそれをそのメンバーに還元するという方法はやめました。そうするといずれメンバー個人に不満が残るからです。そうではなく、グループワークについてのショートレポートを個人で書いてもらい、それを評価するという方法をとっています。つまり、個人別の評価ということです。
　このショートレポートを読むことによって、その人がグループワークでどのように活動したかがある程度わかります。それを成績に加味するようにしています。

第 **8** 章

テストと評価の方法

　講座の最後ではテストを行うことがよくあります。またその結果に基づいて参加者一人ひとりに対して評価をしなくてはならない場合もあります。テストと評価は参加者の学びに対して有効なものになっているでしょうか。この章ではテストと評価についての次のような困りごとを解決するための方法を提示します。

- どのようなテスト問題を作ればいいかわからない
- 採点が面倒にならないように正誤問題や穴埋め問題ばかりになる
- レポート課題を出すと生成AIで作成したものが提出される

▶ 8.1
テストは学習に どう影響しているか

　中学校、高校では授業に対して中間テストや期末テストがあります。また大学でも最終テストや最終レポートが課されます。そしてそれらの点数に基づいて最終評価がつけられます。その一方で、企業や組織の研修では多くの場合、こうしたテストはされません。その代わりに、研修を受けての感想を書いたり、アンケートが実施されるケースが多くあります。

─ 1 テスト効果とウォッシュバック効果

　テストと聞くと苦い思い出や嫌な感情が出てくる人も多いでしょう。しかし、テストを受けることによって、記憶を検索し、その記憶を強化すること、つまり学習を促進することが知られています。これを「テスト効果」と呼びます[*1]。あまり良い思い出のないテストも、このように学習を促進する効果が確かにあります。「あの頃テストがなければ勉強しなかっただろう」と考える人もいるでしょう。

　テストのおかげで確かに記憶を強化し、学んだことを忘れにくくするというテスト効果はあります。しかし、これはテストを実施することでしか起きないことではありません。第4章で取り上げたグループワークをすることで、直前の講師のレクチャーをまとめ、自分の感想を話すことによっても、レクチャーの内容を検索し、再構成するという脳の活動が自然に起こっています。ですので、学習効果をあげるためには必ずしもテストを行うだけがその方法ではないのです。

　テストを実施することで生じる効果にはもうひとつ「ウォッシュバック

---

*1　多鹿秀継, 堀田千絵 (2013). 記憶をテストすることによる直接的効果と間接的効果. 神戸親和女子大学大学院研究紀要, 9, pp.69-78.

効果(波及効果)」[*2]と呼ばれるものがあります。これは最後に特定の形式のテストを設定することによって、講座の受け方や勉強の仕方に影響を与えるということです。

確かに、私たちはテストが最後に用意されているとき、「先生、これはテストに出ますか」というようなことを先生に聞いたり、逆に、先生の方から「これはテストに出るよ」などといったことを言ったりします。こうしたことは、「テストに出るから勉強しよう」や「テストに出ないならスルーしよう」というような決断に至りますので、確かにテストの内容がそれ以前の勉強の仕方に影響を与えているということになります。

このようなテストのウォッシュバック効果によって、学習プロセスは、テストをクリアすることに対して最適化されることになります。つまり、学習そのものにエネルギーを注ぐのではなく、目の前のテストをクリアするために最もコストの少ない最適な学習の方法を選ぼうとするのです。これは自然な行動といえるでしょう。

2 最終テストをすることの効果

期末試験や最終テスト、最終レポートのように、講座の最後に大きな課題を設ける場合が多くあります。最終テストや最終レポートのような一発勝負の場合、前項で述べたウォッシュバック効果を考えると、その直前に集中的に準備するのが最も効率的な方法となります。最終テストのはるか前に勉強しても、忘れてしまうだろうと考えるからです。そのようなわけで、最終テスト直前に一夜漬けで勉強したり、最終レポート直前に無理やり字数を稼いだ文章を書くということになります。

しかし、こうした方略は、何かを学ぶという観点ではむしろ非効率的な方法です。最終テスト直前に全力をかけるということは、それ以前の学習で手を抜くということになりがちです。つまり最後だけ頑張ればよいという習慣を導くことになります。そして、最終テストが終わったら、学習し

[*2] Baily, K. M. (1996). Working for washback: review of the washback concept in language testing, Language Testing, 13, pp.257-279.

たことを速やかに忘れるということになります。最終テストが終われば、講座も終わることになるので、その結果について復習したり、検討したりする人はほとんどいません。こうしたことは多くの人が体験しているでしょう。

　限定された時間で集中的に勉強することを集中学習と呼びます。その反対に、短い時間の学習を分散させて勉強することを分散学習と呼びます。集中学習よりも分散学習の方が全体として効果的な学習方法であるということが多くの心理学的な研究から明らかになっています。つまり、一夜漬けで勉強するよりも小刻みに勉強する方がはるかにいいのです。したがって、一回限りの最終テストをするよりも、毎回ごとに小さなテストをした方がいいということになります。

■― 3　小テストではどのような問題を出すか

　分散学習の効果を狙って、講座の毎回ごとに小さなテストをするのが効果的です。では、毎回の小テストではどのような問題を作ればいいのでしょうか。テスト問題を作るのは少なからず面倒な仕事です。そのため、穴埋め問題や正誤問題ばかりになってしまいがちです。しかし、このような問題を出せば、ウォッシュバック効果によって、このような問題を解くために最適な学習方略を促進することになります。つまり、深い理解をせずに表面的な理解だけでよいとか、文脈を理解せずにキーワードだけを覚えればよいと考えてしまうでしょう。

　そうではなく、深い理解と知識の文脈を全体として学ぶことを促進するには、どのような問題を作ればいいのでしょうか。ここでは、ICEモデルという考え方を紹介します[*3]。ICEモデルというのは、学習の深さと拡張性を3つのレベルに分類したモデルです。このモデルを使って、授業や研修の中で提示する質問や課題や小テストをデザインすることができます。

[*3]　スー・F. ヤング, ロバート・J. ウィルソン『「主体的学び」につなげる評価と学習方法―カナダで実践されるICEモデル』東信堂, 2013

ICEモデルの「ICE」とは、Ideas（考え）、Connections（つながり）、Extensions（応用）の頭文字を取ったものです。私たちが何かを学ぶとき、教科書的にどの範囲を学んだのかということよりも、それぞれの内容をどれほど「深く」学んだのかということが重要です。では、「深く」学ぶとは具体的にはどういうことなのでしょうか。その深さを示すものがICEモデルです。

個々の知識（Ideas）を単独で持っていることは必要ですが、それ自体は学びの第一歩にすぎません。次のステップは、それぞれの知識のつながり（Connections）を理解することです。つながりとは、因果関係であったり、類似点・相違点であったり、比較したりすることです。そうすることで知識のネットワークが作られていきます。最後のステップは、相互につながりあった知識を応用・拡張（Extensions）することです。

この3つのステップを経て、知識は自分のものとなり、使えるようになるのです。このことを私たちは「深く学ぶ」と呼んでいるわけです。

ICEモデルは、学習の「深さ」をモデル化したものといえます。講座では、講師は数多くの質問を学習者に投げかけます。その質問の「深さ」をコントロールするのにICEモデルを使うと非常に明確になります。質問の深さは、同時に課題の難しさとなりますので、I→C→Eの順に質問を投げかけていくといいのです。それぞれのレベルの質問の例を以下に示します。

Ideas（考え）レベルの質問例

・◯◯のリストをあげなさい。
・◯◯を他の言葉で言い換えなさい。
・◯◯とは何ですか。

Connections（つながり）レベルの質問例

・◯◯は××にどのような影響を及ぼしましたか。

- ○○と××を比較しなさい。
- ○○と××とはどのような点で似ていますか。

Extensions（応用）レベルの質問例

- ○○を予測しなさい。
- ○○が持つ意味はなんですか。
- ○○から何を学びましたか。

このように、基本的な知識がわかっているかどうかを確認したいときは、Iレベルの質問をします。もう少し深い理解ができているかどうかを確認したいときは、Cレベルの質問をします。さらに、知識を自分のものとして活用できるかどうかを確認したいときは、Eレベルの質問をすればいいわけです。

このようにI, C, Eそれぞれのレベルでの質問を作り、小テストを構成します。小テストは高々10分くらいの時間で実施しますので、問題数は最小限にするのがいいでしょう。たとえば、Iレベルの問題を2-3問、Cレベルの問題を1問、Eレベルの問題を1問、合計で4-5問程度にします。

4 記述式小テストの採点方法

このようにICEモデルで小テストを作ると、回答方式は必然的に記述式になります。記述式テストは、選択肢問題や穴埋め問題のように正誤がひと目ではわかりませんので、採点作業が少し面倒に思えるかもしれません。しかし、次に説明するようなルーブリックを作り、採点基準を決めればかなり楽に採点できます。また、ルーブリックを作ることで、採点作業をアシスタントに任せることもできます。

ルーブリックというのは、成果物としてのレポートやプレゼンテーション、また作品といったものを公平に採点するための基準です。ルーブリックは、評価するさいの「観点」を決め、その観点における「出来」を3段階から5段階によって評価するものです。このルーブリックを小テストの記

述式回答についても作っておけば安定した採点ができます。

次に示すのは「ICEモデル」についての問題とその採点のためのルーブリックです。このルーブリックでは3段階で採点をしています。

Iレベルの問題

「ICEモデル」のI, C, Eはそれぞれ何を意味していますか。

ルーブリック

3点：I, C, Eのうち3つすべての意味が書かれている
2点：I, C, Eのうち2つの意味が書かれている
1点：I, C, Eのうち1つの意味が書かれている
0点：回答なし

Cレベルの問題

「ICEモデル」のCとEの違いはなんですか。

ルーブリック

3点：CとEの違いが明確に具体的に書かれている
2点：CとEの違いが明確ではないがおおむね書かれている
1点：CとEの違いについて勘違いをしている
0点：回答なし

Eレベルの問題

「ICEモデル」はテストの問題を作成する以外にどのようなことに応用できますか。

ルーブリック

3点：応用の事例が具体的に書かれている

2点：応用の事例が具体的ではないがおおむね書かれている
1点：応用の事例は書かれているが内容的に外れている
0点：回答なし

　このルーブリックを見ると、その基準が大雑把であることに違和感を持つ人がいるかもしれません。しかし、それでいいのです。大雑把であることに意味があります。完全な正解も完全な誤答もありません。すべての回答は、より完璧な回答から不完全な回答の間に散らばっています。それをざっくりと3〜5段階に評価するのがルーブリックという方法なのです。

　記述式小テストを実施してルーブリックによって採点してみると、その優れた点をすぐに感じることができるでしょう。まず、講師の側から見て、参加者が講座の内容をどの程度深く理解しているかがわかります。選択肢問題や正誤問題では、評価は点数で表現されるだけなので、深く理解しているかどうかがわかりません。偶然で正解になる場合もあります。しかし、文章で回答してもらうと、参加者がどの程度深く理解しているのかどうかが、手に取るようにわかります。これは講師にとって重要な情報です。

　もうひとつは、参加者の側から見て、記述式小テストにきちんと回答するためには、講座の内容を深く理解して、それを自分の言葉で表現することが重要だということが明確になることです。ただ講師の話を聞いているだけではだめで、それをどのように他の知識と結びつけるか(Connections)、そしてどのような具体的場面で応用するか(Extentions)ということを考えなければいけないということに気づくのです。このことによって講座を受ける姿勢が変わってくるのです。

▶ 8.2
講座とテストを一体化する

■─1 私の授業で最終テストがないのはなぜか

私の授業を受けていた人から次のような質問をもらったことがあります。

> 早稲田大学で今期に生涯学習と成人教育学の授業を履修していたものなのですが、先生の評価方式に期末レポートやテストがなく、毎回の授業やワークを重視していることが少し不思議に思いました。学生からしたらとてもありがたいのですが先生がこのような評価方法を取っているのには何か先生の教育に対するこだわりみたいなものがあるのでしょうか？　PS. 先生の授業めちゃめちゃ楽しかったです。苦じゃない1限は初めてでした！

「学生からしたらとてもありがたい」というのであれば、それが私がこの評価方法をとっている第一の理由です。私の授業には最終テストがありません。最終レポートもないのです。単元ごとにクイズとショートレポート（ホームワークと呼んでいる）を出しているので、その得点と、教室授業の参加点を合計すれば、それで最終成績が算出されるしくみになっています。

だから、やるべき仕事は、クイズとショートレポートと参加点のそれぞれに重み付けをするパラメータを決めることだけです。パラメータを何種類か試して、成績分布がきれいになるように決めます。たとえば、「A+」の人数を15%くらいにしたいと思えば、そのようにパラメータを決めます。どのようにパラメータを決めたとしても、成績順が変わることはあり

ませんので、公平です。

　期末テストあるいは期末レポート一発で成績が決まるとすれば、多かれ少なかれその直前の期間にがんばろうという姿勢になるでしょう。それは自然なことです。しかし、私の授業に関していえば、そうした姿勢よりも、毎回毎回の授業にのめり込んで（エンゲージして）、そしてその体験を味わってほしいのです。それが私の授業の運営について持っている願いです。ですので、それを実現可能にするために、あえて期末レポートや期末テストを設定せずに、代わりに毎回のショートレポートを設定しています。

　このようにすれば、学生は今日体験した授業の内容についてすぐに振り返ることができますし、その体験とは自分にとってどんな意味をもたらしたのかということを考えるでしょう。そうした振り返り（リフレクション）を大切にしたいのです。そうすることによってその記憶は深く残り、将来いつの日か何かのきっかけとして働くのではないかと期待するからです。これが、私の授業で期末テストや期末レポートを行わない理由です。

2　最後の15分で400字のショートレポートを書いてもらう

　「授業時間内に書くショートレポート」の事例を紹介しましょう。授業は、インストラクショナルデザインの実践編という位置づけの科目です。約200人の受講生が4人でチームを作って授業の設計を進めていきます。

　私のレクチャー以外の授業時間の大部分はグループワークにあてられます。とはいえ、途切れなくグループワークをするわけではなく、15分を目処にしてなんらかのブレイクを入れます。サイコロを振ってグループを指名して、その途中経過を書画カメラに映しながら、説明してもらったりします。1つの作業が15分を超えないようにコントロールすることが大切です。飽きたり、ダレたりするからです。

　このようにグループワークを中心に進めていき、授業の最後には15分くらいの時間を取って400字のショートレポートを書いてもらいます。このやり方は、宇田光氏の「当日レポート方式（Brief Report of the Day, BRD）」[*4]にヒントを得たものです。

＊4　宇田光『大学講義の改革―BRD方式の提案』北大路書房, 2005

レポートでは、「今回のグループワークをしてみて面白かったこと、難しかったことを400字以内で書いてください」という指示を出します。このレポート作成の仕事を家に持ち帰らないところがポイントです。授業の最後にレポートを書くことによって、今回の作業を振り返り、その意味づけを自分でするわけです。

　ショートレポートはほぼ毎回書いてもらいます。レポートを書くという仕事が最後にあるということを知っていることで、グループワークに良い影響が出てきます。グループワークに真剣に関わらなければ文章が書けないからです。

　受講生はパソコン必携ですので、みんなパソコンを広げて、カチャカチャと文章を打ちます。この時間帯だけは、静かな教室になり、タイピングの音だけがするという、不思議な時間となります。

▶ 8.3 相互評価の方法

■― 1 相互評価は「評価は教員がするもの」という常識を壊す

　私の講座では、相互評価を積極的に取り入れています。相互評価というのは、参加者が作った成果物（たとえばレポートやプレゼンテーションなど）を、参加者同士で評価するという方法です。

　参加者同士が評価しあうという方法で、はたして適切な評価ができるのかどうか疑問に思われる人もいると思います。しかし、複数の評価観点によって3〜5段階程度で記述された評価基準（ルーブリックと呼びます）を使うことによって、相互評価の信頼性と妥当性が担保されることが明らかになっています。

　信頼性というのは、評価者の間で評価がぶれないということです。これは、評価者間の評価値の相関（級内相関係数）を見ることで確認できます。また、妥当性というのは、ねらったものがきちんと評価されているということです。これは、参加者による評価値と、専門家（講師）による評価値との相関係数を見ることで確認できます。渡邉・向後（2016）の研究では、相互評価の信頼性、妥当性とも担保されていることが示されました[*5]。

　とはいえ、実際の講座では、参加者同士による相互評価について、それを受け入れにくい参加者も一定の割合でいることもわかっています。そういう人たちは「評価は講師にしてもらいたい」「同じ立場の参加者から評価されるのは嫌だ」という意見を持っています。つまり、講師でも専門家でもない、同じ立場の他の参加者から評価されることに一定の抵抗感を持っ

[*5] 渡邉文枝, 向後千春（2016）. JMOOCの講座における相互評価の信頼性と妥当性の検討. 日本教育工学会研究報告集, JSET16-5, pp.237-244.

ています。

　確かにこれまでの学校教育では、「評価は教員がするもの」というのが常識でした。もし、隣に座っている同じ参加者が自分の評価をするとなれば、その常識が壊されるわけですから、心理的な抵抗は少なからずあるでしょう。しかし、「評価は教員がするもの」という常識を、相互評価というシステムを組み入れることで少しずつ壊していくと、新しい授業の形が生まれる可能性があります。

■─ 2 相互評価は学習コミュニティ全体のレベルを上げる

　ここまで、受講生同士がお互いのレポートなどを相互評価することについては、信頼性・妥当性とも担保されているということを言いました。しかし、評価は講師がするものという常識の中では、参加者同士が相互評価をすることに抵抗があるのも確かです。

　相互評価が可能になるのは、講座の中で、ただ1つの正解がないようなことを扱う場合です。そうではなく、ただ1つの正解があるような講座内容であれば、参加者同士がお互いに「答え合わせ」をして、その上で「教えあい」をするとうまくいくでしょう。

　正解がない講座の、代表的なものは「創作」です。創作はこれまでにないものを作り出すわけですから、正解はありません。またその中に創作的なものが入っているものはすべて相互評価を運用することができます。たとえば、レポート、プレゼンテーション、スピーチ、プロジェクトベースで作品を作るなどです。

　このように見ていくと正解がない講座とは、新しいものを工夫して作り出す能力を伸ばしていくものだとわかります。そうした能力が21世紀に必要となっているのです。そのために既存の知識とスキルを習得するのです。

　そうした中で、相互評価を取り入れていくと次の2つの効果が期待できます。1つ目は、参加者が評価者としての視点と能力を獲得することです。2つ目は、講座全体のコミュニティを協力的に変えることです。

　1つ目の効果は、参加者が評価者としての視点と能力を獲得することで

す。他人の作品やパフォーマンスを評価することそのものが獲得すべきスキルのひとつですので、これをトレーニングすることが必要です。そして、評価する視点とスキルを獲得した人たちが増えれば、そのコミュニティ全体のレベルを上げることになります。良い評価者がいなければ、良いパフォーマーも出てきません。それはその専門コミュニティ全体としての課題なのです。

　2つ目の効果は、講座のコミュニティ全体を協力的にすることです。互いに評価することで、相手の弱点を克服するきっかけを与え、相手の長所を伸ばすバネを与えます。そのようにして参加者同士が協力しあって、お互いが成長していくのです。そのためには、各自が「自分は不完全であり、成長の途上である」ということを受け入れる必要があります。もしそれができれば、競争ではなく協力し合う学習コミュニティを生み出すことができます。

　まとめれば、講座の中で相互評価の視点とスキルをトレーニングし、協力しあうというスキルを身につけることによって、社会に出たときにより良いパフォーマンスを発揮できるでしょう。そして、それがより良いコミュニティを作っていく土台となっていくのです。

Column 3

質問カードを使えば質問しやすくなる

　レクチャーが一通り終わると、たいていは参加者からの質問を受ける時間があります。初めから質疑応答のための時間がとってあることもありますし、自分の話を短めに切り上げて残りの時間を質疑に当てる場合もあります。いずれにしても質疑応答の機会はあります。

　質問の時間は話す方にとっては、ドキドキする時間でもあります。まず、1つも質問が出てこない場合があります。このときは焦ります。自分の話が面白くなかったのか、難しすぎたのか、的はずれだったのかと色々な思いが講師の頭の中を巡ります。さらにこの沈黙の時間が会場全体を支配します。

　機転のきく司会者がいれば、その人が質問をしてくれる場合もありますが、そうでない場合は、自分一人でなんとかしなければなりません。その場合は、自分で話を補足したりするわけですが、気まずさはぬぐいきれません。

　2つ目のケースは、質問した人が長々と持論を述べ立てる場合です。もともと手を挙げて質問するという行動はかなり勇気のいることです。それを率先してやる人は、自分に何かしゃべりたいことを持っている人が多いのです。その場合は、質問をするというよりも、自分で主張したいことがあるのです。それを長々と話されてしまうと、こちらは止めようがありません。かなり時間が経ってから「あの、それで質問は何でしょうか？」と聞いたりしますが、すでに時間は食いつぶされてしまっています。

　このような質疑応答の失敗を避けるために、私は「質問カード」と呼ぶものを使っています。A4判の紙を四つ切りにしたものを講演の前に資料の1つとして配付しておきます。「質問カード」というタイトルをつけて印刷しておいてもいいでしょう。

　レクチャーのはじめに「質問カードは、私の話を聞いていて何か質問が思い浮かんだら、そこに書いておいてください」とお願いします。質問カードは、レクチャーが終わって、質疑の時間に入る間の短い休み時間に、聴衆から回収します。そして、質疑の時間に、カードを一つひとつ読んで、回答していきます。

　質問カードを使うと、何か書いてくれます。手を挙げて質問をするという勇気は必要ありませんので気軽に書けます。回収すると、どれくらいの質問が出てきたかわかりますので、回答のための時間配分を計算することができます。質問カードが少なければ、回答を長めにしますし、質問カードが多いときは、短めに回答すればいいのです。

第 **9** 章

［実習2］
講座の1セッションを設計する

　この章では、「第5章　［実習1］講座のテーマと概要を決める」でテーマを設定した、大学生を対象としたキャリア教育の短い講座の中の1セッションを設計していきます。

▶ 9.1
コースを設計する

「第3章 講座を設計する」で説明したロケットモデルは以下の5つのパーツからなっています。

- エンジン：参加者のニーズ（これができるようになりたい）
- 操縦室：講座のゴール（こんなことができるようになります）
- 片方の翼：講座のリソース（レクチャー、テキスト、動画、実演など）
- 胴体：参加者の活動（練習、グループワーク、課題など）
- もう片方の翼：フィードバック（コメント、アドバイス、評価など）

「第5章 ［実習1］講座のテーマと概要を決める」では、この中のエンジン（参加者のニーズ）と操縦室（講座のゴール）を決めました。次は、片方の翼（講座のリソース）と胴体（参加者の活動）、そしてもう片方の翼（活動に対するフィードバック）を設計していきます。

1 講座のリソースを用意する

講座のリソース（資源）とは、講座の中で参加者に提示し、学習のために利用してもらうものです。具体的には、講師のレクチャーやテキスト（教科書）、提示するビデオ動画や実演（デモンストレーション）などのことです。講師が行うレクチャーは、あくまでもリソースのひとつであり、それは参加者の学習のために利用してもらうものだという位置づけです。ですので、レクチャー自体で完結するのではなく、レクチャーをきっかけにして参加者に考えてもらうように講座を進めることが重要です。

講座3コマ分のゴールは次のようになっています。

- 21世紀に重要となる技能とは何かを考える
- 自分に合った仕事の種類はどんなものかを考える
- 自分は本当はどのような仕事をしたいのかを見いだす

　ここでは、3コマ目の「自分は本当はどのような仕事をしたいのかを見いだす」で提示するレクチャーの内容を用意してみましょう。

図9.1　レクチャーをするための助けとしてマップを作成

　ここではレクチャーをするための助けとしてマップを作成しました（図9.1）。マップについては「第6章　レクチャーをする」で説明しました。もちろんスライドを作成してもいいでしょう。マップがスライドよりもいい点は、気軽に話の流れを書き出すことができるところです。このようにレクチャーで話すべきポイントを書き出して、つなげていくことによって、レクチャーの台本としても使えますし、参加者が参照する資料としても使うことができます。

2　参加者の活動を設計する

　次に、参加者の活動を設計します。具体的には、参加者に実際にやって

もらう練習やドリル、グループワーク、具体的な課題などのことです。ここでは、サビカスのキャリアに関する考え方をレクチャーで紹介したあとに、グループワークをして、実際にサビカス・インタビューを体験してもらうことにします。

サビカス・インタビュー[*1]では、次のような質問を質問者がして、回答者から回答をもらいます。これらの質問は、回答者が小さかった頃のことを思い出して回答してもらうことを想定しています。この回答から、その人の人生を貫く方向性やストーリーを明らかにしようとするものです。

- あなたは、子どもの頃、成長する過程で、どのような人に憧れ、尊敬していましたか？　その人について話してください。
- 定期的に読んでいる雑誌や、定期的に見ているテレビ番組はありますか？　それはなんですか？　その雑誌や番組のどんなところが好きですか？
- あなたの好きな本、または映画は何ですか？　そのストーリーを話してください。
- あなたの好きな格言や、指針となる言葉（モットー）について話してください。
- あなたの幼少期の最初の思い出は何ですか？　3歳から6歳頃に、あるいは思い出せるかぎり早い時期に、あなたに起きた出来事に関する1つの物語を話してください。

グループワークでは4人のグループを作ります。人数が4で割り切れないときは、適宜3人のグループを作って調整します。3人のグループでも問題ありません。

グループ分けをしたあと、次のようなインストラクションを指示して、ワークを開始します。

[*1] マーク・L・サビカス（乙須敏紀訳）『キャリア・カウンセリング理論』福村出版, 2015

- じゃんけんで一番勝った人からスタートして、時計回りに回します。
- 順番に当たった人は、次の順番の人に以下の5つの質問をして、インタビューをします。
- 次の人(インタビュイー)は質問を聞いたあと、それに答えていきます。
- 次の次の人は、インタビュイーの回答を用紙に書き留めていきます。
- インタビューが終わったら用紙をインタビュイーに渡してインタビュー終了です。
- 次の人は新たにインタビューを開始します。

インタビューのワークがスタートしたらタイマーをかけます。ここでは見積もりとして15分を設定しました。15分を過ぎた時点でワークが終わっていないグループがあれば、時間を適宜延長します。途中10分と13分あたりで時間経過をアナウンスします。これはそれぞれのグループのペースを整えるためです。

3 活動に対するフィードバックを設計する

グループワークが終わったあとの活動に対するフィードバックを設計します。フィードバックは本来参加者に対して個別に与えるのが最も効果的です。しかし、講座の時間内にそれを実施することは不可能ですので、ここでは講座の時間内にどのようなフィードバックを行えば効果的であるかということを考えます。

最もシンプルなフィードバックはグループをランダムに選んで発表してもらうことです。ランダムに選ぶためにはサイコロを使うのがいいでしょう。詳しくは、「第7章 グループワークを実施する」で説明しています。1つか2つのグループに発表してもらって、それに対する簡単なコメントを付け加えます。そうすることによって、全体のグループで「このような発表の内容で良かったのだな」ということが共有されます。

もし講師が想定していた内容と大きく外れているワークをやったことが発表からわかった場合は、講師がそのことをコメントします。そのことに

よってフィードバックとなります。いずれの場合も講師がポジティブなコメントをすることで、参加者はワークの内容に自信を持つことができますし、もしそうでなかった場合も、次から気をつけるようになります。

コースを設計するためのワークシート

(1) 講座のリソースとして何を用意するか：

(2) 参加者の活動として何を設定するか：

(3) 活動に対するフィードバックをどのようにするか：

9.2 セッションを設計する

「第4章 セッションを組み立てる」で説明したマイクロフォーマットは、講座の1セッション（1コマ60〜90分の長さ）を設計するときに便利に使えます。ここでは、1セッションを90分として、マイクロフォーマットによって以下のような構成で組み立てます。

1. 前の課題へのフィードバック（10分）
2. イントロと問題提起（5分）
3. 講師によるレクチャー（25分）
4. グループワーク（15分）
5. 全体シェア（15分）
6. 質疑応答（5分）
7. 課題と作成（15分）

それぞれの内容を詳しく見ていきましょう。

1 前の課題へのフィードバック（10分）

1回限りの講座では、いきなり本題に入ることをお勧めします。しかし、連続した講座では、最初の数分間は参加者の頭がまだ働いていないことが多いので、前回の課題へのフィードバックから入ります。こうすることで前回の内容を思い出すことになり、今回のトピックにつなげることができます。

課題を出していない場合は、前回の感想や質問を選んで、それに対して講師が答えていくといいでしょう。私は「第10章 参加者とコミュニケー

ションする」で紹介している参加者とのコミュニケーション・カードである「大福帳」を使っていますので、この大福帳に書かれた質問や感想などを5～10個ほど選んで、コメントをしています。

このようにして本題に入っていくためのウォーミングアップをします。

■── 2 イントロと問題提起（5分）

ウォーミングアップをしたところで、今回取り上げるトピックの導入を行います。ここでは次の話題提供の内容である、サビカスのキャリアに関する考え方の導入になるような話と問題提起をします。

具体的には、参加者のキャリアや仕事、そして就職活動についての考え方を問うような話をします。そして「皆さんはこれから就活をするわけですが、そのとき自分がつきたい仕事をどのようにイメージしていますか」、「やりたい仕事のイメージというのはどこからきたものでしょうか」というような問いかけをします。

■── 3 講師によるレクチャー（25分）

イントロに続いて、今回の本題のトピックについて話します。具体的には、前節の「（1）講座のリソースを用意する」で示したようなマップを提示しながら話をします。マップではなく、スライドを提示しながら話してもいいでしょう。いずれにしても、何か視覚的な資料を提示しながら話すことは、聞いている参加者にとって理解の手掛かりになりますのでお勧めできます。視覚的な資料は参加者がノートを取るときの助けにもなります。

ここではイントロと話題提供を合わせて30分の長さとしました。話は短いほどよいので、4章で紹介したパイクの「90/20/8の原則」のように20分でまとめるとさらにいいでしょう。ただし、これより短くなると参加者に対して考えるための十分な情報を伝えきれないというリスクが発生します。

その一方で、話題提供が長くなりすぎないように注意します。特に30分を超えたらできるだけすぐにまとめるようにします。話し残したことが

ある場合も、いったんはそこでまとめ、あとで補足として話す時間を取るようにします。

4 グループワーク（15分）

話題提供に続いて、グループワークを実施します。ここでは前節の「（2）参加者の活動を設計する」で紹介したサビカス・インタビューを4人で構成されたグループで実施します。

グループワークをスムーズに行うためには、あらかじめ席をランダムに指定しておきます。自由に座ってもらうと、友達同士で固まる傾向があります。そうするとグループワークを真剣にやってもらえないリスクがあります。グループワークは知らない人同士で真剣にやってもらうことによって効果がより高まります。

グループワークの時間は見積もりの時間でタイマーをかけます。ここでは15分です。途中、10分（5分前）、13分（2分前）で残り時間をアナウンスするとよいでしょう。もし15分経ったところで、ワークを終了していないグループがいくつかあった場合は、追加として2分延長します。

5 全体シェア（15分）

グループワークが終わったら、1～3のグループを指名して、ワークの内容を発表してもらいます。発表グループの数は15分という時間に合わせて決めます。また、グループの指名には十面体のサイコロを使うと公平です。

発表はグループの代表1人ではなく、4人全員に順番に発表してもらうところがポイントです。代表1人に発表してもらうとその人にプレッシャーがかかってしまいます。メンバー全員に発表してもらうことで、グループワークで起きた内容を過不足なく全体にシェアすることができます。

6 質疑応答（5分）

全体を振り返っての質問を受け付けます。特にない場合は、スキップし

ます。あらかじめ質問カードを配っておき、質問はそこに書いてもらうようにすると、質問がしやすくなるという効果があります。

7 課題と作成（15分）

課題がある場合は、ここでその内容をアナウンスします。私の場合は、今回の内容を振り返ってまとめてもらったり、また、グループワークでやったこととその感想を書いてもらったりすることが多いです。字数は300字前後で、オンラインで提出してもらいます。

最後に、大福帳に感想や質問を書いてもらってこの回が終了です。大福帳に書き込む時間は5〜10分かかりますので、この時間を講座の時間に含めておきます。講座の時間を過ぎて、大福帳を書いてもらうのは避けるべきです。

セッションを設計するためのワークシート

(1) 前の課題へのフィードバック（　　分）：

(2) イントロと問題提起（　　分）：

(3) 講師によるレクチャー（　　分）：

(4) グループワーク（　　分）：

(5) 全体シェア（　　分）：

(6) 質疑応答（　　分）：

(7) 課題と作成（　　分）：

▶ 9.3 「できる・つながる・決められる」を チェックする

セッションの設計をしたら、「第2章 教えるときに大切なこと」で提示した3つの大切なこと「できる・つながる・決められる」がその中に反映されているかどうかをチェックしましょう。

━ 1 「できる」をチェックする

まず1つ目は、参加者が講座の中で「できそうだ」と感じる機会があるかどうかをチェックします。特に、講師によるレクチャーとグループワークの内容がそのようになっているかをチェックするといいでしょう。

講師によるレクチャーは、その導入の話が具体的で、参加者に直接関係したものであることが必要です。ここでは、「皆さんはこれから就活をするわけですが、そのとき自分がつきたい仕事をどのようにイメージしていますか」、「やりたい仕事のイメージというのはどこからきたものでしょうか」というような問いかけで、レクチャーを始めます。こうした問いかけによって、参加者の関心をひき、参加者が「これならできそうだな」という感覚を持ってもらうようにレクチャーにつなげます。

グループワークでは、サビカス・インタビューを4人のグループで実施します。ここではグループワークをどのような手順で行うかについての説明をわかりやすく明確に伝えることが重要です。たとえば、インタビューを誰からどういう順番で行うかというような最も基本的なことを誤解のないように伝えます。ここでは、「全員でじゃんけんをして、一番勝った人が最初のインタビュアーになります。インタビュイー（インタビューをされる人）はその左隣の人です。インタビューが終わったら時計回りに役割を回していきます」という説明をしています。このように説明を明確にすることで、メンバーの全員が「できそうだ」という感覚になります。

■ 2 「つながる」をチェックする

2つ目は、参加者が講座の中で「つながっている」と感じる機会があるかどうかをチェックします。これは、おもにグループワークの活動と講師とのコミュニケーションの中に埋め込まれています。

グループワークを行うのは、レクチャーの内容を自分で体験することによって自分のものにするという目的のためです。同時に、同じ講座に参加している他の人たちとつながる機会にもなっています。ここでいう「つながる」とは、同じ目的を持って学んでいる人たちがいるということを実感することです。そのことによって、自分は独りではないということを感じ、学んでいる内容の意味がわかってくるのです。

グループワークを単なる時間つぶしと捉えている参加者が何人かでもいると、うまくいきません。そうならないためにも、全員がグループワークを真剣にやってもらうように導くことが講師の仕事です。グループワークを真剣にやってもらうためには、やり方を明確に説明すること、グループワークのあとの全体シェアをすること、グループワークの内容を課題に絡ませることが必要です。こうすることでグループワークを真剣に取り組み、その結果として、参加者同士がつながっているという感覚を持つことができるでしょう。

講師とのコミュニケーションの機会としては質疑応答の時間があります。しかし、実際に質問が出てくる頻度はあまり高くありません。そこで、「第10章 参加者とコミュニケーションする」で紹介する「大福帳」というコミュニケーション・カードを使うことをお勧めします。大福帳というのは、講座の毎回ごとに参加者と講師の間でやりとりするカードです。大福帳を使うことによって、参加者は講師とつながっているという感覚を持つことができるでしょう。詳しくは第10章で説明します。

■ 3 「決められる」をチェックする

最後に、参加者が講座の中で「決められる」と感じる機会があるかどうかをチェックします。

講師によるレクチャーが終わるまでは、参加者が決められる部分はほぼ

ありません。講師がお膳立てをする時間です。しかし、グループワークでは、すべてのことを参加者自身が決めていきます。つまり、グループメンバーに対して何を話すのかというテーマと内容を自分で決めることができます。これがグループワークを行う重要な理由です。

　グループワークは単に話し合うという活動を行うだけではなく、自分で決めて進めていくという活動を行っているので価値があるのです。講師は時間枠の設定を決める一方で、参加者は自分のグループで何を話すかを決めるのです。自分で決めるという機会があることで、講座に参加しているという感覚を持つことができます。

　もうひとつの機会は、課題です。課題の出し方によって参加者が決められる感覚を持たせることができます。限られた正解があるような課題を出すと、「自分が試されている」という感覚が生じるでしょう。それはあまり楽しくない体験です。その一方で、限られた正解ではなく、自分で書く内容を選べる課題では「自分で決めている」という感覚が生じるでしょう。それは必ずしも楽ではないかもしれませんけれども、やりがいのある課題になる可能性があります。

　課題を出す場合は、一定の範囲で参加者自身が書く内容を選べるものにします。たとえば「今回のグループワークで話した内容を紹介し、今回のレクチャーのテーマと関連させて書きなさい」というような課題です。このような課題は、完全に自由なテーマではないと同時に、書く内容を自分で選ぶことを可能にしているという点で優れた形式の課題です。

Column 4
「よく考えられた練習」がポイント

　本当に上達するためには、Deliberate Practice（よく考えられた練習、限界的練習）をしなければならない、ということを明らかにしたのが、アンダース・エリクソンの『超一流になるのは才能か努力か？』（文藝春秋, 2016）です。

　何事でも一流レベルに熟達するためには、1万時間のトレーニングが必要だということが研究で明らかにされてきました。しかし、この主張がいっていることは、一流になるには少なくともそれくらいの時間をトレーニングにかけなくてはならないということであって、どんなトレーニングであってもその時間をかければ一流になれるということではありません。そのトレーニングは、よく考えられた究極の鍛錬でなくてはならないのです。それを、アンダース・エリクソンは「Deliberate Practice」と名づけました。

　練習のパターンには、愚直な練習、目的のある練習、限界的練習の3つの種類があります。愚直な練習というのは、ただ練習するだけです。しかし、目的のある練習は、はっきりと定義された具体的な目標があり、それに向かって集中して行うものです。そのために、自分の居心地のいい領域（コンフォートゾーン）から一歩踏み出して挑戦し、それに対してフィードバックを受けることが必要です。

　限界的練習というのは、目的のある練習に加えて、特別な練習と訓練方法を採用したものです。そこにおいては、汎用的なスキルの習得はありません。たとえば将棋であれば、将棋の盤面に関する記憶力を鍛えます。それは、記憶力全般がよくなるということではありません。事実やルール、関係性などの情報がパターンとして長期記憶に蓄えられ、それは心的イメージ（スキーマ）としていつでも取り出せるように訓練されます。

　そうしたスキーマのパターンをたくさん持っていて、状況に合わせて最適なものを取り出して使うことができる人が熟達した人と呼ばれるのです。

第 **10** 章

参加者と
コミュニケーションする

　この章では参加者とコミュニケーションするために「大福帳」を講座で使うことを提案します。大福帳というのは、連続する講座の毎回ごとに参加者と講師の間でやりとりするカードです。大福帳を使うことで次のような良い効果があることを紹介します。

- 参加者と講師の間の信頼関係が強化される
- 参加者には講座の内容をふりかえる機会になる
- 講師には講座がうまくいっているかどうかを確認できる
- グループワークのメンバー割り当てなどに活用できる

10.1 「大福帳」を使う

　講師にとって、参加者の出欠は重要な関心事項です。講座の出席を取らない場合は、急速に出席者が減ることがあります。したがって出席を取るわけです。しかし、代理で返事をしたり、代わりに出席票を書いたりするという不正が起こります。最近では参加者自身のICカードをかざすことで出席を取ることも行われています。そこでもICカードをかざして「ピッ」と出席を確認したら、そこから逃げてしまう「ピ逃げ」という現象も起こっています。

　ここで、以下に紹介する「大福帳」を使えば、代理で記入することは不可能になります。大福帳は単に不正しにくい出席記録としてだけでなく、さまざま点で役に立ち、学習の効果をあげるツールです。連続する講座ではぜひ使っていただきたいと思います。

1 大福帳とその作り方

　大福帳は、講師と参加者の間のコミュニケーションツールです[*1]。三重大学の教員であった織田揮準が考案しました。大福帳は、A4判の厚紙に講座の回数分の記入欄を両面印刷して作ります（図10.1）。参加者は、講座の開始時に自分の大福帳を受け取ります。その回が終わると自分の大福帳に5行程度の感想やコメントを書き入れ、講師に渡します。講師はそのコメントに短い返事をつけて、次の講座開始時に返却します。こうしたやり取りによって、出席促進、積極的な受講態度、講師と参加者の間の信頼関係の形成、授業内容の理解と定着などの効果があることが確認されています。

---

*1　織田揮準（1991）．大福帳による授業改善の試み．三重大学教育学部研究紀要（教育科学）別冊, v.42, pp.167-169.

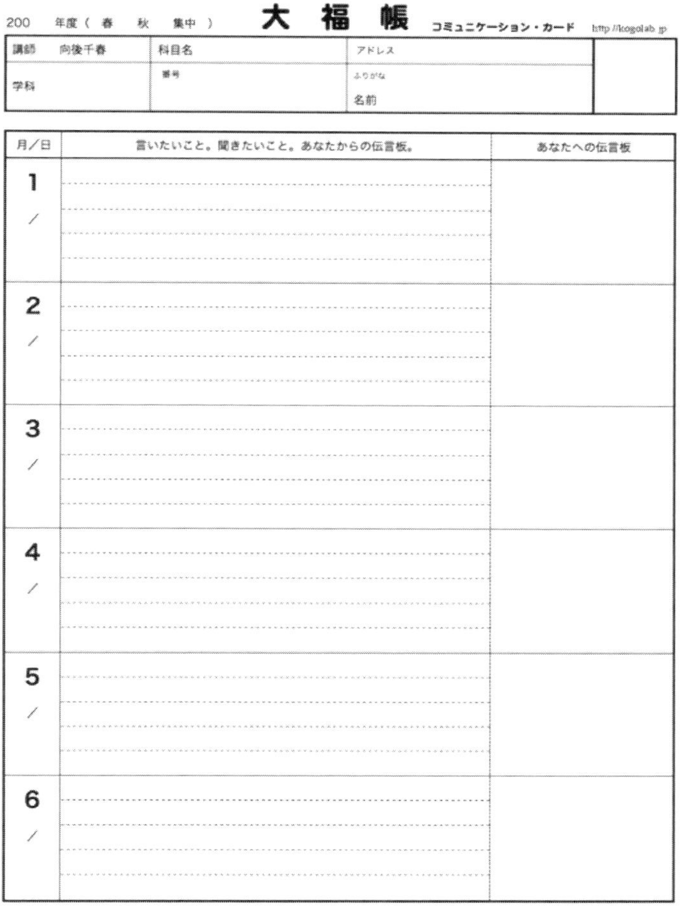
200　年度（ 春　秋　集中 ）　**大 福 帳**　コミュニケーション・カード　http://kogolab.jp

講師　向後千春	科目名	アドレス	
学科	番号	ふりがな 名前	

月／日	言いたいこと。聞きたいこと。あなたからの伝言板。	あなたへの伝言板
1 ／		
2 ／		
3 ／		
4 ／		
5 ／		
6 ／		

図10.1　大福帳のデザイン

大福帳を作るのは簡単です。まずA4判の用紙を用意します。これは「特厚口」などの名称で売られている厚手の色上質紙を使うと、へたりがなく、長持ちします。この用紙に図10.1に例示したような枠組を印刷します。講座の回数が7回までなら片面の印刷ですみます。大学の授業のように15回あるいは14回ある場合は両面に印刷します。

講座の規模が50人を超えるような場合は、学年や性別によって用紙の

色を変えると、参加者が自分の大福帳を探したり、講師がランダムにグループを作ったりするときに便利です。

2 大福帳の効果

　大福帳の効果の1つ目は、参加者の出席を促進することです。大福帳は代理で出席カードを書いたりするなどの不正がしにくい形式です。他人の分の大福帳の欄に時間内に書くのはかなり難しいですし、たとえ書けたとしても筆跡の不自然さでばれてしまいます。

　大福帳は出席の不正がしにくいという以上の利点を持っています。それは、これまでの出席状況が一目でわかるということです。参加者が何回休んだのか、いつ休んだのかが一目でわかります。それは参加者自身にもわかりますので、皆勤賞を目指そうとする人も出てきます。これは大福帳の一覧性による効果といえます。

　大福帳の効果の2つ目は、講座の内容の理解と定着を促進することです。大福帳を使った授業のアンケートの結果から、大福帳を書くことによって受講生自らが変わった点として、授業の振り返りをし、授業内容について考えるようになったことを挙げています[*2]。授業の最後に少しの時間を取って、大福帳に100字程度の文章を書いてもらうことを習慣づけることによって、受講生は授業の内容について集中するようになることが示唆されています。

　大福帳の効果の3つ目は、講師と参加者の間の信頼関係を形成することです。講師は講座の終了後に、参加者に大福帳に書いてもらった感想を読んで、その返事を書きます。このように大福帳を介して講師と参加者が一対一でメッセージのやり取りをすることになります。これによって、参加者は自分のことを個別に認識してもらっているという感覚が生まれます。同時に、講師は参加者が積極的に参加してくれていることが確認できます。このやりとりによって双方に信頼関係が生まれます。

---

*2　向後千春（2006）．大福帳は授業の何を変えたか．日本教育工学会研究報告集, JSET06-5, pp.23-30.

以上のように、大福帳の効果は以下の3点にまとめることができます。

- 参加者の出席を促進する
- 講座の内容の理解と定着を促進する
- 講師と参加者の間の信頼関係を形成する

■─ 3 大福帳の使用は講師の姿勢を示している

　大福帳というコミュニケーションツールを講師が使うということ自体が、参加者に対してある種の暗示を行っています。それは、講師がこの講座を通じて、参加者とコミュニケーションを取りたいと思っているという暗示です。参加者の大福帳への書き込みを読んでいることを示すことで、講師はいつでも参加者の意見に耳を傾けているという姿勢を示すことができるのです。

　もうひとつの暗示は、参加者に対して、この講座に積極的に参加して欲しいという暗示です。大福帳を見れば参加者の出欠状況が一目でわかります。それを講師が常にモニターしているということは、講座をおざなりのものではなく、常に多くの受講生に参加して欲しいものと考えているということを暗示しているのです。

10.2 「大福帳」の実際

■ 1 参加者が大福帳に書く内容

オリジナルの大福帳のデザインでは、毎回の欄の左側には「言いたいこと。聞きたいこと。あなたからの伝言板」として、参加者の感想や質問などが書き込まれます。それに対して、欄の右側には「あなたへの伝言板」として、講師からの返事が書き込まれます。

参加者の欄は「あなたからの伝言板」となっているので、自由な内容を書くことができます。そこにはどんな内容が書かれるのでしょうか。また、講座に関係のないことを書かれることはあるのでしょうか。

大福帳に関する研究[*3]によると、実質13回の授業（参加者292人）で、意見や感想は平均5.5個、質問は3.1個、まとめは2.8個の順番で多くなりました。この3種類を合わせると、平均11.5個となり、これは全体の84.3%を占めています。その一方で、授業に関係ないことや個人的なことは平均1.2個にとどまりました。また、個数としては少ないながらも、授業の進め方や改善して欲しいことは0.6個、先生を励ますことばは0.4個ありました。

このように大福帳に書かれる内容は、授業に関係ないことは全体の1割程度であり、大福帳に書く内容に関する制約がなくても、参加者は自発的に授業に関する感想・意見や質問、またそのまとめを書いていることがわかりました。

参加者から見た大福帳の効果について、大福帳を使わない場合を想定して比較するとどうであるかを「3」を同じとして5段階で評定してもらいま

---

*3 向後千春（2006）．大福帳は授業の何を変えたか．日本教育工学会研究報告集, JSET06-5, pp.23-30.

した。その結果、評定値の高い順に、授業に参加しているという実感(3.86)、出席する意欲(3.80)、先生とのコミュニケーション(3.79)、授業の内容について深く考えること(3.77)、といった効果が参加者に認知されていたことがわかりました。

この結果は、大福帳に書かれた内容の分析と合わせて考えると、授業の終わりに大福帳を書くという作業が、自然に授業内容をふりかえるという行動を促し、その結果として、授業に参加しているという実感を生み出したと考えることができます。

2 講師が大福帳の返事を書くこと

講師は、次の講座までに参加者が大福帳に書いたすべての文章を読んで、それに対して返事を書くという仕事をしなくてはなりません。これはどれくらいの時間を必要とするでしょうか。「講師からの伝言板」の欄は、参加者の欄の3分の1程度であり、狭くはなっていますが、一言以上のことが書けるようになっています。

この返事をするという仕事は重要です。前出の調査によると、大福帳での返信を毎回欲しいという学生は51.4%にのぼり、2回に1回は欲しいという回答を合わせると75.7%となりました。それに対して、返事がなくても良いと回答した学生は4.8%でした。このように参加者は講師からの返事を期待していることが明らかです。

とはいえ、参加者の多い講座では、全員に返事を書くことは講師にとってかなり負担となります。というのは、画一的な返事をするわけにはいかないからです。同じ調査によると、返信されて良くなかった内容として、ひとことだけの返信やそっけない返事、あいづちが挙げられています。つまり、返事を書くのであれば、ある程度内容のある文章を書かなければ、かえって参加者の不満を生み出しやすいということです。

しかし、参加者数が多くなると、そのコメントを読む時間が長くなります。経験的には、100人分の大福帳を読むのには1時間程度かかります。さらに、もしそのすべてに返事を書くとすれば、その2〜3倍の時間がかかります。したがって、参加者が100人を超えるような講座の場合は返事

を書くための時間と労力を考えておく必要があります。

■─ 3 大福帳のバリエーション

　参加者数が多い場合は、大福帳で返事を書くために必要な時間が長くなることを指摘しました。この問題を解決するために、大福帳のデザインを少し変えたバリエーションを作り、それを使っています（図10.2）。このバリエーションでは講師が書く「あなたへの伝言板」の欄がなく、その代わりに、「メンバーの名前」と「メンバーからのメッセージ」の欄が設けられています。

大　福　帳

科目	学年	学生番号	名前

回	あなたが感じたこと、考えたこと	メンバーの名前	メンバーからのメッセージ
1			
2			
3			

図10.2　大福帳のデザインのバリエーション

　これらの欄には、講座でグループワークを行ったメンバーから一言メッセージを講座の最後の時間に書いてもらいます。ですので、講座の中ではグループワークを必ず実施するという条件が前提となります。このような一言メッセージを書くためにグループ内で大福帳を回していくということ

になりますが、メッセージは1行だけの簡単なものですので、時間はそれほどかかりません。このデザインではメンバーは自分以外に4人までです。グループが4人や3人で構成される場合は、残りの行は空欄になります。

　このデザインを採用した場合は、講師は返事を書くという作業を省くことができます。しかし、参加者からのメッセージはすべて読み、講師から読んだ印に何か書き込むと良いでしょう。私の場合は、♥（ハートマーク）を手書きで書き込んでいます。講師によっては自分のハンコを押す場合もあるでしょう。しかし、手書きの方が温かみがあるような気がします。

　参加者が大人数であったとしても、講師からの何かしらの返事は伝えたいところです。また、大福帳に質問が書いてあった場合は回答をしたいでしょう。そこで、大福帳のメッセージをハートマークをつけながら読み、それに対してコメントしたいメッセージや質問については特別なマーク（たとえば二重のハートマークなど）をつけておきます。そして、あとでまとめてスマホで写真を撮ります。そして、次回の講座の冒頭に、その画像を提示しながらコメントや質問への回答をします（図10.3）。取り上げるメッセージは7-8個で、コメントしながら話すと10-15分ほどの時間を使います。

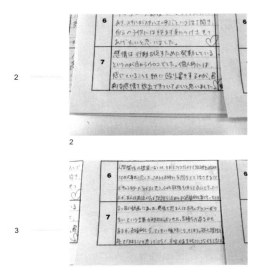

図10.3 大福帳のメッセージをスマホで撮ったものを提示する

　講座の最初にこうしたコメントの時間を取ることで、参加者にとっては自分たちの書いたメッセージがちゃんと読まれているということが確認できます。また、たまたま自分のメッセージが取り上げられればうれしい気持ちになるかもしれません。そのため、私は全講座を通じて、なるべく多くの参加者のメッセージを取り上げるようにしています。その人のメッセージが何回取り上げられたかは大福帳につけたマーク（二重のハートマーク）でわかりますので、なるべく全員のメッセージを取り上げるようにします。

　また、こうした時間は自動的に前回の講座の内容を思い出すきっかけになりますので、復習の意味合いもあります。前回の内容を踏まえて、今回の講座の内容に入っていくためのステップとしても良い導入となります。

10.3 「大福帳」のオンライン化

　オンラインの講座においても、大福帳を試してみる価値があります。毎回の講座で、自分にとっての重要なポイントや質問、また授業に対する要望などを書いてもらう場として大福帳を使います。そうすることで、ともすれば孤立化しやすいオンライン講座を血の通った暖かいものにすることができます。ここでは、授業の感想や質問などを教員とメンターに直接送ることができるものを「e大福帳」と名づけて実施したことを紹介します[*4]。

　オンデマンド授業でオンラインによる大福帳「e大福帳」を実施しました。これは最初は特別な仕様ではなく、システムの中のテスト機能を流用したものでした。その後、この機能は「レビューシート」という名称でオンライン学習システムの機能のひとつとして位置づけられました。

　具体的には、学生からのコメントを記述式の回答として登録してもらいました。このテスト機能は、回答に対して返事をつけられるようになっていたので、教員あるいはメンターからの返事はこのコメント機能を使って書きました。設問文は次のようでした。

「レクチャーや教材、また課題をやってみての感想や質問などを自由に書いてください。大福帳に書かれた内容は、教員とコーチだけが読みます。ただし、みんなで共有したい質問については、お名前を伏せて「質問BBS」で回答することがあります。」

　この講座の内容は教授デザインの概論で、参加者数は約60人でした。授業アンケートのe大福帳についての回答文を分析した結果、次のように

---

*4　向後千春（2007）．eラーニング授業でコミュニケーションカード「e大福帳」を使う．日本教育工学会研究報告集, JSET07-5, pp.297-300.

分類することができました。

1) 心理的距離を縮める：最も多く言及されたことは、教員やメンターとの心理的な距離が縮まったということでした。
   - 「大福帳そのものが教員が学生をよく知ろうという気持ちであることを表しており、うれしく思った」
   - 「1対1のコミュニケーションなので他の人への遠慮がなく、投稿しやすかった」
   - 「風通しが良く、教員が身近に感じられた」

2) 気軽に書ける：また、心理的距離を縮めたことと関連することとして、気軽に書けるという点がありました。
   - 「日記のような感じに使えた」
   - 「何となく感じたことを自由に書けるので、敷居を感じなかった」
   - 「講義が終わって廊下で世間話という感覚が良かった」

3) BBSでは書きにくいことが書ける：e大福帳では気軽に書けます。これは裏を返せば公開された場であるBBSでは意外に書きにくいということでもあります。
   - 「BBSでは言いにくいことも直接伝えられた」
   - 「メールやBBSでは気が引けることがあるので、個人的に質問したいときは良い方法だ」

4) 授業内容を自己確認できる：e大福帳に授業の感想を書くことで、自然に授業の内容を振り返ることになり、自分の理解度を再確認することができます。
   - 「講義内容を自分で整理する上で役立った」
   - 「授業内容を自分の経験と関連づけたりして書けた」

5) 共通の質問をBBS公開したのはよい：e大福帳に書かれた質問の中

で、共有すると有効であると判断されたものについては、名前を伏せてBBSで取り上げました。
- 「質問をBBSで共有したのがよかった」
- 「他の学生の質問を読むと勉強になった」

　オンラインの講座でe大福帳を使うことによって、教員・メンターとの個人的なコミュニケーションのルートが開かれました。e大福帳のようなツールは、教員・メンターとの心理的な距離を縮め、公開されたBBSでは書きにくいようなことであっても気軽に書くことができます。これにより、オンライン講座の問題点のひとつである「参加者が感じる孤独感」の問題を解消するか、あるいは少なくとも軽減する効果を持っていることがわかりました。

　また、e大福帳に書かれた質問を、BBSに名前を伏せて載せて回答することによって、同じような疑問を持っている参加者にとって役立つことがわかりました。一方で、講座を運営する者にとっては、e大福帳に書かれた感想や雑談を読むことで、提供した内容がどれくらい理解されているのか、またどのように受け取られているのかを推測することができます。これによって、講座の運営にフィードバックしたり、講座の内容を補足したりすることができます。

Column 5
上手な教わり方をする人は上達が速い

　教える仕事をしていると、教えやすい人と教えにくい人がいることを感じます。教えやすい人とは、教えていてこちらが楽しくなり、教えがいを感じるような相手です。反対に、教えにくい人とは、教えていて楽しくない相手です。その場合は、相手も上達しませんし、その原因が自分の教え方にあるのではないかと考えて教え手が意気消沈することもあります。

　もちろん、教え手としては、ベストを尽くして良い教え方をしようとしています。しかし、相手によって、うまくいく場合と、うまくいかない場合があります。そうすると、教え手の教え方だけの問題ではなくて、教え手と学び手の組み合わせの問題であるということになります。

　ここでは学び手に注目してみましょう。教わり方のうまい、へたがあるとすれば、それはどういうことなのでしょうか。教わり方のうまい人というのは、次のような2つの特徴を持っています。

　まず1つ目は何かを教えてもらうことについて素直になり、言われた通りのことができることです。

　教えてくれる人に対して素直じゃない人がいます。こうしてみてください、こう考えてみてくださいという指示に対して、そうしない人がいるのですね。逆に、教え手に対して素直にその指示に従うことができるという資質は上手な学び手として重要です。やってみて、やはりこれはだめだ、自分には合わないというのであれば、教え手にそう言えばいいと思います。でも、そのためには一通り受け入れて自分でやってみなくてはなりません。言われたことを素直に受け入れるということは、上手な学び手の第一の資質と言えるでしょう。

　2つ目は厳しく言ってくれることに対して簡単に傷つかず、それを大切にすることです。

　何かを学ぶための入門段階では、スモールステップで上達してもらう成功体験を中心として組み立てます。そこでは、学ぶことが楽しいことだと感じてもらうことが重要です。しかし、入門段階から中級段階に入ると、いつでも楽しい体験というわけにはいきません。つらく、単調で、あまり楽しくないハードワークが必要な時期が来ます。

　そうした段階では教え手も、常に優しく、にこやかにふるまうわけではありません。必要なときには、学び手に対して厳しい指摘をしなくてはなりません。それは指導の重要な一部分なのです。そのとき学び手はどのようにそれを受け止めるかが問われます。

第 **11** 章

評価アンケートを実施する

　講座が終わったら評価アンケートを実施しましょう。参加者から回答してもらったデータを分析することによって、自分の講座の内容や運営方法を改善するためのヒントが見つかります。そのためのデータを集めるためには、ありきたりのアンケートではなく、よく考えられたアンケートを作成する必要があります。この章では、講座の評価アンケートについての次のような困りごとを解決するための方法を提示します。

- 評価アンケートの質問がありきたりのものになってしまう
- アンケートのデータをどのように分析すればいいかわからない
- いろいろな意見がありすぎて講座をどう改善すればいいかわからない

▶ 11.1 評価アンケートをする意味

　講座が終わると、多くの場合、参加者に対して評価アンケートを実施します。講師にとって、評価アンケートはちょっとドキドキさせるものです。はたして、自分の講座は参加者にどのように受け止められたのか、その評価は良いものか悪いものか、自分の講座を他の人にも勧めてもらえるだろうか、などの気持ちが不安とともにわいてきます。

　大学では学生による授業評価アンケートが義務化されていますので、必ず実施されます。それに対して、学生に自分の授業を評価されることを嫌って、アンケートの結果を見ないと公言する教員もいます。おそらく自分の授業についてのネガティブな意見や注文を受け止められないのでしょう。

　しかし、大学教員に限らず、講座を運営するすべての講師は評価アンケートを実施するべきです。それは次のようなことを明らかにすることができるからです。

- 自分の講座がどうであったかという**実態**を知ることができる
- 自分の講座のどこを**改善**すればよいかというヒントをもらえる
- 自分の講座で工夫したことが良い効果を生んだかどうかを**検証**できる

　まず、評価アンケートによって得られることの1つ目は実態を知ることができることです。参加者が講座についてどう考えているのか、どう感じているのかということは講座中には必ずしも表明されません。また、講師が直接参加者に尋ねたとしても、批判的なことは面と向かっては言いにくいでしょう。そうしたことを評価アンケートによって拾い上げることができます。

2つ目は、講座を改善するためのヒントを得るということです。多くの講師にとって自分の講座は基本的に良いものとして認識されています。ですので、ちょっとした不都合を感じたとしても、「まあ、いいか。講座が破綻しているわけではないので」と考えて、細かい改善をするチャンスをあえてのがしています。従来のやり方を少しでも変えることは面倒だからです。

自分の講座を改善するためには、改善すべき点を正面から指摘されることが必要です。評価アンケートではその指摘を得ることができます。もちろん、「ここが良くないので改善してほしい」と正面から言われることは、心理的には嫌なことです。だから、評価アンケートの回答は読みたくないという講師が一定の割合で存在するのでしょう。そこを謙虚な気持ちで読み取り、自分の講座について細かい改善を重ねていくことが求められているのです。

評価アンケートによって得られることの3つ目は改善の効果を検証するということです。自分の講座は常に不完全なものであり、パーフェクトからは遠いものです。しかし、常に改善を加えていくことによって、少しずつより良い講座へと変わっていく可能性があります。改善という活動を続けていくためには、講師自身が改善の効果を確認していくことが必要です。改善をしたつもりでも、それが本当に効果を発揮しているのかを確認できなければ、長期的には改善という活動をしなくなってしまいます。

改善の効果を確認するために評価アンケートを使うことができます。もちろん講座の様子を観察するだけで効果を確認することができるような改善もあります。しかし、講座全体としてより良いものになったかどうかを確認するためには、評価アンケートが有効な道具になるのです。

以上のように、評価アンケートの目的として、「実態を知る、改善する、検証する」という3つがあります。アンケート調査を計画するときには、これらの目的のどれをねらいとするのかを意識しておくことが必要です。

▶ 11.2 評価アンケートを作る

　講座の評価アンケートは具体的にはどのように作ればよいのでしょうか。前節で述べたように、評価アンケートには、実態を知る、改善する、検証するという3種類の目的があります。ここでは、それぞれの目的のためにどのようにアンケートを作成すればよいのかについて説明していきましょう。

■— 1 実態を知るための質問

　自分の講座が参加者にとってどのような体験であったかという実態を知るための質問は、いくつかの観点を示して段階で回答してもらうのがいいでしょう。たとえば「この講座はおもしろかったですか」という質問をして、「1＝そう思わない／2＝あまりそう思わない／3＝どちらともいえない／4＝そう思う／5＝強くそう思う」というような5段階で回答してもらいます。

　このような質問形式を心理尺度と呼びます。つまり、自分の考えや感じ（心理的な状態）を段階的な尺度で表すということです。段階の数は、少ない場合は3段階、多い場合は9段階までありますが、5段階尺度が最もよく使われます。この尺度は、実際には順序尺度（1＜2＜3＜4＜5という大小関係だけが規定できる）です。しかし、便宜的に間隔尺度（1と2の間隔と2と3の間隔が等しいなど）として扱います。このようにしておくと、5段階での平均値を求めるなどの計算処理がしやすくなるからです。

　さて、では体験の実態を知るための質問としてどのようなものがあるでしょうか。参加者がこの講座をどのように体験したかを感情的側面（おもしろかった、満足した）と認知的側面（役に立ちそう、自信がついた）の2種類の質問によってたずねる方法はよく使われます。

■ (A) ARCS動機づけモデルに基づく質問項目

ケラーのARCS動機づけモデルは、講座全体を設計するときに気にしておくべき4つの観点を示しています[*1]。ARCSの4つの観点とは、「おもしろそうだな、やってみよう」（A：注意）と感じられるものになっているか、「自分に関係があるな、役に立ちそうだな」（R：関連性）と思わせるものになっているか、「やればできそうだな、自信がついたな」（C：自信）という感覚が残るものになっているか、「やってよかったな、他の人にも勧めたい」（S：満足）という感じが残るものになっているかの4点です。

ARCSの4つの点が講座でうまく実現されていれば、参加者の学習動機づけを高めることが期待できます。このARCS動機づけモデルに基づいた質問項目は最も簡潔な形としては次のようなものになるでしょう。いずれも5段階の選択肢で回答してもらいます。

- この講座はあなたの興味をひきましたか（A：注意）
- この講座の内容は役に立ちそうですか（R：関連性）
- この講座に参加して自信がつきましたか（C：自信）
- この講座に満足しましたか（S：満足）

ARCS動機づけモデルに基づいた質問の優れた点は、ARCSのそれぞれの観点での回答の平均値が低いものであったときに、その改善方法を示唆してくれることです。

たとえば、A：注意の質問の点数が低い場合は、参加者の知識とギャップのあることをデモンストレーションして好奇心を喚起することを講座の中に取り入れるとよいでしょう。また、R：関連性の質問の点数が低い場合は、これから学ぶことが相手の個人的目標にも十分関係があることを説明するとよいでしょう。C：自信の質問の点数が低い場合は、これから取り組んでいく課題は参加者にも十分達成できるものであると励ましながら

[*1] J. M. ケラー, 鈴木克明（監修）『学習意欲をデザインする：ARCSモデルによるインストラクショナルデザイン』北大路書房, 2010

進めるとよいでしょう。S：満足の質問の点数が低い場合は、この講座を終えるとその後どのようないいことが起こるかを説明するとよいでしょう。

■ (B) 基本的心理欲求に基づく質問項目

私たちがよい状態で生きていくためには、心理的な欲求が満たされていることが必要です。デシとライアンは基本的心理欲求理論(Basic Psychological Needs Theory)というものを提示しています[*2]。この理論は、人間には次の3つの心理的欲求があることを主張しています。その欲求とは、「自分には能力があり、うまくやっていける」と感じる有能感(competence)、「自分はまわりの人たちと良い関係性を持つことができている」と感じる関係性(relatedness)、そして「自分は多くのことを自分で決めることができている」と感じる自律性(autonomy)の3つです。

この3つの欲求が講座の中でどれくらい満たされたかということをたずねることで、その講座を評価することができます。基本的心理欲求が満たされているような講座は、参加者の学習に対する動機づけを高めていると考えられるからです。こうした質問は、参加者自身が講座の中で自分自身がどのように感じたかを測定するという点で、一味違った講座の評価尺度になります。

3つの基本的心理欲求がどれくらい満たされたかを測るためには、たとえば次のような質問項目を使うことができるでしょう。

- この講座では自分の能力を発揮することができた(有能感)
- この講座ではまわりの人たちと良い関係を持つことができた(関係性)
- この講座では自分らしくふるまうことができた(自律性)

[*2] E. L. デシ, R. フラスト(桜井茂男訳)『人を伸ばす力—内発と自律のすすめ』新曜社, 1999

基本的心理欲求に基づく質問項目は、講座の内容について特別に聞いていません。そうではなく、参加者自身の体験や感じを直接聞いている点に特徴があります。そのことによって、当該の講座をどのように改善していけばいいのかというヒントを得ることができます。

有能感の質問の点数が低い場合は、自分の能力を発揮する機会が少なかったことが原因として考えられます。たとえば、レクチャーが講座の時間の大部分を占めていて、参加者が何か行動する機会が少なかったような場合です。改善するためには、個人で発表してもらう機会を設けたり、グループワークで参加者が話す時間を設けるといいでしょう。また、意味のあるテストやショートレポート（第8章参照）であれば、これも自分の能力を確認する機会となります。

関係性の質問の点数が低い場合は、参加者同士の関わりが少なかったことが原因として考えられます。講座が知識や技能を習得することを目的としているのだから、参加者同士の関わりがなくても問題ないだろうと考える人もいるかもしれません。しかし、それは誤りです。孤独感が問題となるオンライン講座においても、同時期に共に学ぶ他の人たちがいること自体が学習動機づけを高め、その結果としてドロップアウトを減らすという「コーホート効果」があることが確認されています[3]。ですので、対面の講座においても、目の前に共に同じことを学ぶ参加者がいるということは非常に重要なことなのです。

自律性の質問の点数が低い場合は、参加者自身が決定できるような余地や柔軟性が少なかったことが原因として考えられます。改善するためには、課題のトピックを複数用意しておいて、自分の関心にしたがって選んでもらうことなどが考えられます。完全に自由に任せるよりも、選択肢を用意しておくほうがいいでしょう。自由にやってもらうと講座の目的から外れることもありますし、参加者からはかえって負担に感じられる場合もあるからです。選択肢を提示するだけで、講師が参加者の自律性を尊重しているということを示すことができます。

---

[3]　https://note.com/leosanada/n/n19cdf3e9a836

■— 2 改善するための質問

　ARCS動機づけモデルに基づく質問項目でも、また基本的心理欲求に基づく質問項目でも、心理尺度による平均点という数値で結果が表示されます。この数値を読みとって、比較的低い項目があれば、それに対応した改善策を試していくことによって講座を改善していきます。しかし、この点数は具体的にこのように改善すればよいということを示すものではありません。

　これに対して、参加者から改善点を直接指摘してもらう方法があります。それが自由記述による質問です。具体的には、「この講座で改善したほうがよいと思うことがあれば自由にお書きください」というような質問で回答してもらいます。また、「この講座で良かったところがあればお書きください」というような質問では、講座で良かった点を確認することができます。

　うまくいっていることは継続し、うまくいっていないことは改善することです。そうすれば、少しずつではあっても講座をよりよいものにすることができます。

　改善点を直接指摘してもらう質問を設定すれば、その回答を読むことで講座のどこを改善すればよいのかが明らかになると考えられます。しかし、実際には相反する回答が出てくることがよくあります。たとえば、「グループワークがとても良かった。グループワークの時間をもっと長くしてほしい」という回答と、「グループワークの時間が長すぎた。講師の話をもっと詳しく聞きたかった」という回答が同じ講座で出てくることはよくあります。

　このような関係をトレードオフ（二律背反）と呼びます。講座の改善にあたっては、トレードオフの関係にあるものをちょうどよいところで調整することがポイントです。この場合は、自由記述による回答を整理して、グループワークの時間を長くすることを望む人と短くする人を望む人の人数を比較することによって調整の根拠とすることができるでしょう。グループワークが長すぎたという人が多ければ、次からは少し短くしてみることによって改善します。

このように、自由記述による回答は参加者によって様々な内容が提示されます。まさにそれこそが自由記述回答を実施する意味なのです。講師は回答の内容に一喜一憂することなく、講座全体として参加者全体の満足度を高めるように改善の方法を探っていくことが大切です。

3 改善を検証するための質問

自分の講座運営について何らかの改善をしたのであれば、その改善が実際に効果を発揮したのかどうかということについて検証する必要があります。そこで、改善そのものについて直接質問を設定して参加者の意見を聞くようにします。たとえば、私は自分の講座でスライドの提示をやめて、ある時点からマップの提示に変更しました。それは大きな変化だったので、講座の評価アンケートでは、マップの提示が参加者にどう受け止められたのかを聞くような質問項目を入れました。

厳密な研究であれば、従来のスライドを提示する統制群とマップを提示する実験群を設けて、その2群を比較するというような実験計画法にのっとるところです。しかし、毎年講座を運営しているようなケースではこれは不可能です。そのため、不完全ではあるものの、改善点についての評価を収集して、それが良い効果を生んでいるのかどうかを検証します。

特定の改善点についての評価尺度とそれに関する自由記述質問を組み合わせて設定する方法があります。たとえば、自分の講座において、特にグループワークのやり方について工夫を加えた上で、その効果を測りたいとします。グループワークについての評価尺度を用意して測定します。たとえば、「5. 非常に良かった」から「1. まったく良くなかった」の5段階で評定してもらいます。

この尺度では、グループワークの良さについて量的に検討します。そして、これに続けて、自由記述による質問を置いておきます。たとえば「グループワークの良い点について自由に書いてください」というような質問や「グループワークの苦手なところを自由に書いてください」というようなものです。このような質問に対する回答は、テキストデータ（文章データ）として手に入ります。そしてテキストデータはテキストマイニングと

いう手法で分析することができます。

　グループワークについての評価尺度とグループワークの良い点や苦手なところのテキストデータを組み合わせることによってより深いことがわかります。たとえば、グループワークの評定尺度の値を使って、グループワークが好きな人たちの群とそれほど好きではない人たちの群に分けます。それぞれの群に入る人たちは、グループワークの良い点・苦手なところについてどのように書いているかを調べることによって、グループワークが好きな人たちはどんなところを良いと思っているのか、また、グループワークが好きではない人たちはどんなところを苦手だと思っているのかが明らかになるでしょう。

▶ 11.3 評価アンケートを実施する

　評価アンケートを作成したら、それを実施しましょう。よく考えてアンケートを作ったのですから、参加者には真剣に回答してもらいたいところです。質の良い回答データを得るためにいくつかのポイントがあります。それを紹介します。

■― 1 アンケート回答のための時間を取る

　評価アンケートを実施するのは、講座がすべて終了したあとです。しかし、アンケートに回答するための時間は講座の中に確保しておきましょう。つまり、講座が終了する前の最後の10〜15分間をアンケート回答のための時間として取っておくのです。こうすることによって、参加者はあわてることなくアンケートに回答することができます。また、講師が評価アンケートを重要なことだと考えていることを伝えることができます。回答のための時間を取ることでアンケートの回収率もよくなります。

■― 2 無記名で回答してもらう

　アンケートで正直な気持ちを表明してもらうために、アンケートは無記名で行います。また、口頭での説明やアンケートの説明文で、参加者の評価には一切関係がないことを言っておくことも必要です。回答の内容に何らかのバイアスがかかったり、遠慮が生じないようにするためです。

■― 3 紙あるいはオンラインによる回答

　評価アンケートは紙に印刷して、手書きによる回答を得る場合と、オンラインで回答できるようにしておいて、そのサイトに誘導する場合があります。どちらにも一長一短がありますので、条件によってどちらを使うか

を決めればいいでしょう。

　紙のアンケートでは、何よりも手軽にその場で回答してもらうことが可能です。回答のための時間を確保しておけば、丁寧に回答してもらえることが期待できます。ただし、事後にデータをパソコンに入力する手間がかかります。特に自由記述の回答データについてはタイプして入力し直すことが必要です。

　オンラインによる回答では、あらかじめGoogle Formsなどのサイトでアンケートフォームを作っておきます。参加者には回答のためのURLを知らせて、その場でパソコンあるいはスマホで回答してもらいます。この場合も、紙と同じように講座内の時間で回答してもらうのがいいでしょう。講座終了後の回答をお願いするだけでは回収率は明らかに落ちます。また、回答するときには講座の印象も薄れてしまいますので、信頼性も落ちてしまいます。オンラインアンケートの場合は、回答がそのままデジタル化されますので、あとでデータを入力する手間がかかりません。

第 **12** 章

オンライン化する

　コロナ禍のポジティブな影響をあげるとすれば、授業や研修や会議が次々とオンライン化されたことです。これによってオンラインによる授業や研修は一般化し、今ではごく普通のことになりました。また、それにとどまらずオンライン講座はその可能性を大きく広げつつあります。しかし、講座をどのようにオンライン化すればいいのか困っているケースもあります。この章では、講座をオンライン化するにあたっての次のような困りごとを解決します。

- 参加者の様子がつかみにくいオンライン講座をどうすればいいかわからない
- オンライン講座ではつい話が単調になってしまう
- 対面とオンラインを同時に行いたいが、やり方がわからない

12.1 対面講座の拡張としてのオンライン講座

　2019年末からのコロナの流行によって、2020年から数年間にかけて、授業や研修や会議が次々とオンライン化されました。これまで対面で行われていたこうした活動がオンライン化されるにあたっては、一部で抵抗や困惑が生まれたものの、全体としてはオンライン実施が広く受け入れられることになりました。実際にオンラインでやってみれば、多くの人がその合理性や利便性に気づき、積極的に使うようになったのです。

　2000年代に入ってから、インターネットが当たり前になり、その中で、教育の中にオンライン学習が入っていくという方向は確実なものとなりました。しかし、その進展はゆっくりとしたものでした。それでも、教育が対面授業からオンライン学習中心になるためのきっかけになったかもしれないブームはありました。

1 「反転授業」のブーム

　ひとつは「反転授業」です。アメリカの高校の授業改善からスタートした反転授業は、まず授業の前の予習として先生が作った講義ビデオを生徒が視聴します。その上で、教室での授業は、実習や実験、討議などを中心とした活動、あるいは教員が個別指導をするための時間にするというものでした。

　反転授業は、対面授業とオンライン学習を組み合わせた1つのパターンです。このような授業を、一般にブレンド型学習（blended learning）と呼びます。反転授業、あるいは反転学習（flipped learning）は、ブームとなり、日本でも数多くの実践が行われました。

　私も大学で反転授業を2008年〜2010年に渡って実施しました[*1]。その

[*1] 向後千春, 冨永敦子, 石川奈保子 (2012). 大学におけるeラーニングとグループワークを組み合わせたブレンド型授業の設計と実践. 日本教育工学会論文誌, 36巻3号, pp.281-290.

結果、反転授業は対面授業と同程度の学習効果を上げることができ、さらに受講生に好意的に受け取られたことが明らかになりました。反転授業は2010年代に入って、中等教育を中心にたくさんの実践がされるようになりました。

2 MOOCのブーム

　もうひとつは、MOOC（大規模オンライン公開コース）でした。そのスタートは、反転授業よりも早く、2001年にMITがオープンコースウエア（OCW）を公開したことに始まります。これによって、MITのほとんどの講義をインターネット経由で、どこでも無料で視聴できるようになりました。

　MOOCはさらにこれを拡張して、オンラインによる大学のコースを無料で世界に提供しようとしました。この流れをオープンエデュケーションと呼びます。日本では、JMOOC（日本オープンオンライン教育推進協議会）がたくさんのコースを無料で提供しています。私も2015, 2016年にJMOOCの中で「しあわせに生きるための心理学 〜アドラー心理学入門〜」を開講しました。2015年には2000人以上の人が受講しました。

3 オンライン講座は不完全な対面講座ではない

　このようにオンライン教育は既存の教育に浸透し、その可能性を広げてきました。しかし、それは少しずつのことであり、対面による教育の位置づけは相変わらず揺らぐことなく、主流であり続けました。それは、オンライン講座は対面に比べてさまざまな点で不完全であるという認識が根強くあったからでした。たとえば、オンライン講座ではコミュニケーションがうまくできないであるとか、講座途中でのドロップアウトが多いなどのことが指摘されてきました。

　しかし、このようにオンライン授業の問題点として挙げられるものは、もともと対面授業でも問題となっていることです。たとえば、「オンライン授業では学生が何をしているのかわからない。授業を聞かずにネットサーフィンをしていても、誰かとチャットしていても、内職をしていてもわからない」という指摘があります。しかし、それは教室での対面授業で

も同じです。むしろ隣の人と私語をして授業の進行を妨げるようなことが起こらないので、オンラインの方がましだということもできます。

　オンライン講座ではドロップアウト率が高いという問題があるといわれます。確かにそれは問題ではあります。しかし、ドロップアウトはオンラインだけではなく対面でもありますので、程度の問題といえます。むしろ対面講座では、最後まで出席していても最終テストで落ちるということがあります。つまり、到達目標に達しなかったということです。それは最終テストをやるまではわからなかったことです。オンライン講座では、ドロップアウトすれば、課題の提出がないといったことによってすぐにわかります。そこで早めに介入することができます。このように、どちらが絶対的にいいということは断定できません。

　確かに、対面講座ではすべての情報が共通の学習の場でリアルタイムにやりとりされます。そこでは場の雰囲気や情感的なものまで含まれています。そのため、充実した感覚が残ります。しかし、そこでは「なんとなくわかった雰囲気」だけしか残らない危険性もあります。

　本当にわかったかどうかは自分が独力で表現する（話したり書いたりする）ことができるかどうかによって測られます。それをオンライン講座ではすべて可視化するのです。さらには講師がどのように説明したか、どのような教材を供給したか、どのような課題を設定したか、それに対してどのようにフィードバックしたか、オンラインではこうしたことすべてが可視化されます。さらに、こうしたことを検討し、改善することができます。それがオンライン講座の優れた特徴です。

■──4　オンライン講座は対面講座の拡張である

　オンライン講座は伝統的な対面講座が進化した形なのです。いままで対面講座でできていたことが、オンライン講座では複雑になり、面倒だと感じることは当然です。これまでやってこなかったのですから。しかし、それをやることで対面講座では隠されてきたことがすべてオープンになります。それによって教授・学習の過程が明らかにされます。

　とすれば、たとえオンライン講座にいくらかの問題があったとしても、

12.1 対面講座の拡張としてのオンライン講座

あとはそれを改善するだけです。オンライン講座は不十分な対面講座ではなく、対面講座の問題を改めて可視化して、それによって実質的な教授・学習のプロセスがどう進展するのかを具体的に示すものとなるでしょう。

12.2 オンライン講座のメリット

　オンライン講座は、対面の講座に比較しても十分なメリットがあります。にもかかわらず、これまで定着しなかったのは、ただ体験する機会が少なかったこと、そしてそれによって習慣になることがなかったからです。オンライン講座が定着する理由として、次の3つのメリットがあります。

- オンライン講座はスケーラブルである
- 参加した個人にとってのメリットがある
- 主催した人にもメリットがある

1 オンライン講座はスケーラブルである

　1つ目のメリットは、講座をオンラインにすることでスケーラブルなイベントにすることができることです。ここでいうスケーラブルとは、参加人数が少なくても、多くても対応できるという意味です。

　これまでは講座を企画するときにある程度まとまった参加人数をそろえる必要がありました。そしてその人数によって会場を押さえたり、日時を決めたりします。それは一回決めると変更が難しい条件となります。

　しかしオンラインではその条件が変わっても柔軟に対応することができます。最初は少人数で始めて、もし好評ならたくさんの参加者を集めて、大規模に開くことができます。もちろん大規模になれば、対応するスタッフを雇ったり、機材をアップグレードする必要はあります。しかし、それは人数に比例したリソースではなく、それよりもはるかに軽いリソースですみます。

　また、規模の大きさによって参加者の活動を変えることもできます。た

とえば、小規模な研修であれば、個別のフィードバックを手厚くします。対して、中規模な研修であれば、ブレイクアウトルームを活用して、グループワーク中心で進めます。また、さらに大規模な講演であれば、質疑応答を中心にします。このように、コンテンツは大きく変更することなく、規模に合わせて参加者の活動をデザインしていくことで、スケーラブルに対応することが可能になります。

■─ 2 参加した個人にとってのメリットがある

2つ目は、参加した個人にとってもメリットがあることです。参加した講座の記録がアーカイブされれば、いつでもそこに戻って見直すことができます。対面の講座では、参加したあと、手元に残るのは配付資料と自分でとったノートくらいです。しかし、オンライン講座が配付資料とともに動画として残されていれば、何年か経ったあとにそこにアクセスして新たな学びを発見するかもしれません。

そのアーカイブに、参加証などの証明を入れておけば、個人的なキャリアアップのための証拠として使うことができます。それは単なる参加証ではなく、研修の内容とその中での学習活動が証明された参加証となります。

■─ 3 主催した人にもメリットがある

3つ目は、主催した人にとってもメリットがあることです。オンライン講座で実施された内容は記録され、いつでも見返すことができます。これは、研修を改善するための最も良い材料になります。ある種のワークはうまくいき、別のワークはうまくいかなかったとすれば、それは参加者の反応や成果物といったパフォーマンスによって、直接的に評価されます。そして、うまくいかなかったワークをどのように改善すればいいかということに注力することができます。

このようにして自分の講座を洗練することができます。レクチャーは何度も同じことを話すのではなく、収録しておいたものを事前に試聴してもらい、Zoomによるリアルタイムの講座では、実習やグループワークを中

心にしてもらうこともできます。そうすると主催者はもっぱらワークのコントロールやフィードバックを中心に動くことになります。これは講座全体の質を上げることにつながるでしょう。

　さらに、このような講座を積み重ねていけば、それを元にして本を書くこともできるでしょう。これは自分の開発したコースを広く知ってもらう媒体となりますので、大きなメリットです。

12.3 規模の大きさによるオンライン講座の実際

　第3章で紹介したロケットモデルは向後が提唱しているコースを作るときのフレームです。簡単にいうと以下のようにコースを作ろうというものです。

- まず想定参加者のニーズを探って、明確にする。
- そのニーズを、想定された時間と人数で達成できるようなゴールに明確化する。
- 与えられた時間で、リソースの提供→学習活動の実施→それに対するフィードバックをワンセッションとして、必要なセッションを設計する。

　ロケットモデルにしたがってオンライン講座を設計するときに重要なポイントは、次のようにまとめられます。

　1つ目は、リソースは学習に必要な材料すべてであり、レクチャーやそれを収録したビデオはその中の選択肢の1つであることです。したがって、なんでもレクチャービデオにすればいいというものではありません。

　2つ目は、学習活動とフィードバックは常にワンセットで考えることです。なにか課題を出したら、できるだけ早くそれに対するフィードバックをすることが大切です。

　3つ目は、特にグループで行う活動は、外からも中からもコントロールしにくいので、できるだけシンプルに構造化することです。そうでないと、1人だけが活躍して他の人はフリーライド（ただ乗り）したり、みんなでワイワイしただけで終わってしまいます。

　ロケットモデルを参照しながら、規模別に講座のオンライン化の仕方に

ついて説明していきましょう。

1 レクチャー中心の大規模オンライン講座

　50人から300人規模の大規模な講座のオンライン化を考えます。ちなみに300人という人数は大学では最大規模の教室になります。しかし、オンライン講座では300人という人数制限もなくなります。1000人でも可能です。ただし、その人数に応じたアシスタントを雇うことは必要です。

　大規模講座ではレクチャーが中心となりますので、リソースとしてレクチャーのビデオを準備します。これはリアルタイムで流す必要はないので、オンデマンド型とします。

　活動とフィードバックは、大人数でも耐えられるような設計とします。クイズは選択肢問題として自動採点にすれば、人数が増えても採点の負荷はありません。

　レポートを課す場合は、アシスタントを雇ってルーブリック評価とします。採点基準となるルーブリックはできるだけ公平な評価を行うのに必要です。これを作るのは講師の仕事です。また、参加者による相互評価も試してみる価値はあります。研究によると、相互評価であってもルーブリックを使うことで信頼性は高いものになります。また、個々の参加者が他の参加者のレポートを何本も読むこと自体に学習効果があります。

2 実習・ワーク中心の中規模オンライン講座

　30人程度の中規模な講座で、実習やワーク中心の講座をオンライン化することを考えます。

　実技中心の講座の場合は、リソースとして実技ビデオを準備することが必要です。これはリアルタイムで流す必要がない場合は、オンデマンド型とします。実技を撮影するには、固定カメラひとつでは十分に伝わらない場合がありますので、手持ちカメラあるいは二台以上のカメラで撮影することが必要でしょう。

　活動とフィードバックでは、動画テストという形式を試してみる価値があります。これは、テストの形式として動画を提示するものです。間違い

を動画の中に仕込んでおき、それを指摘させるというようなテストです。こうすること、選択肢問題ではなく、実技を注意深く観察することを促進できます。

実技中心の講座のときは、実技レポートを課すのがいいでしょう。これは、手本を示したあとに、参加者自身がその実技を行なってそれをビデオ、あるいは写真で証拠とするものです。実技レポートの場合もルーブリックを使って評価します。

■— 3 ゼミ・演習の小規模オンライン講座

10人程度の小規模な講座は、ゼミや演習形式となります。そのオンライン化を考えます。

ゼミは長くなりがちです。ビデオ会議では、通常の対面よりも疲れやすいことがわかっています。これは、表情が読み取りにくいのに読み取ろうとすることが原因と考えられています。ですのでビデオ会議形式の講座では、短く、集中するのがいい方法です。そのためには事前課題を提示しておいて、それの成果を持ってビデオ会議に参加することです。

活動とフィードバックでは、参加者が自分のスライドや資料を共有して発表します。それに対して講師がコメントしていくという形で進めます。同席している参加者からも質問やコメントをしてもらいます。

実際にやってみると、参加者からの質疑やコメントが対面のケースよりも活性化する場合があります。それは、社会的手がかり（席の配置や服装）が少なくなることによって、平等に発言できる感じがするからでしょう。

Column 6

オンデマンド講座では月1回のオンラインミーティングをする

　講座のすべての講義を収録済みのビデオとして公開して、それを講座の参加者が自分の都合のいい時間に視聴することで学習を進めていく形式が一般的になりました。この形式をオンデマンド授業、あるいはオンデマンド講座と呼んでいます。

　一方、受講する方としては、いつでも自分の都合のいい時間に講座を視聴できますので融通が効きます。しかし、その融通が逆に作用して、受講を先延ばししてしまうことがよく起こります。また、自分以外にも大勢の受講生がいるとしても、それは可視化されにくいので、孤独感を感じやすくなります。そのため、オンデマンド形式の講座はドロップアウトの率が高くなる傾向があります。

　オンデマンド講座のドロップアウト率を低くして、なるべくたくさんの修了者を出すためにはどのような工夫が考えられるでしょうか。工夫のひとつは、同時期に一緒に受講している人との接触を高めることです。そうすることによって、受講者の孤独感を減少させて、他の受講生とともにがんばろうという感覚が生まれてきます。その結果として、ドロップアウトが減ることが期待できます。このような効果を「コーホート効果」と呼んでいます。「仲間効果」と呼んでもいいかもしれません。

　同時期に一緒に受講している人との接触を高める工夫のひとつは、受講生とのオンラインミーティングを開くことです。オンラインミーティングは月1回くらいの頻度で十分です。また時間も1時間程度で大丈夫です。参加は受講者の任意とします。そして、参加できなかった受講者のために録画しておきます。ミーティングが終わったらそのビデオを受講者全体に公開するといいでしょう。

　オンラインミーティングでは、講座の内容についての質問を受けつけるといいでしょう。オンデマンドビデオの中で講義をしている人に直接質問できる良い機会となりますし、質問に対する回答は講義内容をより深く理解するのに役立つでしょう。もし時間が余れば、受講者の自己紹介や講座を受けての感想を話してもらうのもいいでしょう。

　このような受講者同士の交流の機会を月1回でも作ることで、一緒に同じ講座で学んでいる人たちがいることを実感することができます。どんな人たちが自分と同じ講座をとって、頑張っているのか、またどんなしんどさを味わっているのかという感情を共有することができます。そのことによって、またがんばろうという気持ちが湧いてくるでしょう。

第**13**章

［実習3］
評価アンケートを
実施し、分析しよう

　この章では、大学生を対象としたキャリア教育の3回の講座が終了したあとに実施する評価アンケートを設計していきます。そして、その評価データを収集したあとに、どのように分析していくかについて考えてみましょう。

▶ 13.1
アンケートの目的と内容を決める

「第11章 評価アンケートを実施する」で説明したように、評価アンケートを実施する目的には次の3つがあります。ここでは、ちょっと欲張りではありますが、この3つの目的を達成するようなアンケートを作ることを考えます。

- 自分の講座が参加者にとってどうであったかという実態を知る
- 自分の講座のどこを改善すればよいかというヒントを得る
- 自分の講座で工夫したことが良い効果を生んだかどうかを検証する

― 1 実態を知るための質問

まず、講座の実態を知るための質問項目を考えます。参加者はこの講座をどのように受け止めたかということを尋ねます。質問の枠組としては、ARCS動機づけモデルや、基本的心理欲求理論などがあります。ここでは、基本的心理欲求に基づく質問項目を使いましょう。

以下のような6個の質問項目を設定し、「1＝そう思わない／2＝あまりそう思わない／3＝どちらともいえない／4＝そう思う／5＝強くそう思う」の5段階で回答してもらうことにしました。

- この講座では自分の能力を発揮することができた（有能感1）
- この授業では自分の能力を確認できる機会があった（有能感2）
- この講座ではまわりの人たちと良い関係を持つことができた（関係性1）
- この授業の教員に親しみを感じた（関係性2）
- この講座では自分らしくふるまうことができた（自律性1）
- この授業では自分の考えを表現することができた（自律性2）

有能感、関係性、自律性についてそれぞれ2項目の質問で聞くようにしました。実際のアンケートでは、これらの質問項目をランダムに並べ替えます。これは質問の意図を回答者に悟られないようにするためです。

質問項目は多く設定すればするほどデータを緻密に取ることができます。しかし、質問が多くなると回答することが煩雑になりますので、両者のバランスをとることが重要です。ここでは6個の質問項目にとどめておきました。

■ 2 改善するための質問

次に、講座の改善点を直接指摘してもらうための自由記述による質問を設定します。ここでは、「この講座で改善したほうがよいと思うことがあれば自由にお書きください」というような質問にしました。

この質問と並べて、「この講座で良かったところがあればお書きください」という質問を配置してもいいでしょう。この質問によって改善点だけでなく、講座の良かった点を確認することができます。これは、講師にとって励みになります。

■ 3 改善を検証するための質問

最後に、講座の中で何か新しい試みや改善を行ったときの検証の質問を設定します。今回は、新しい試みとして、普通のスライド提示ではなく、マップを提示しながらレクチャーをしてみましたので、この試みが参加者にとってどのように捉えられたのかを検証するための質問を設定します。

検証するための質問では、試みや改善そのものを評価する尺度と、それに関する自由記述質問を組み合わせて設定する方法を取ります。ここでは、レクチャーにおけるマップの提示についての評価尺度を用意して測定します。たとえば、「今回レクチャーのときにマップを提示しました。これについて次の5段階で評価してください」として「5＝非常に良かった／4＝良かった／3＝どちらともいえない／2＝良くなかった／1＝まったく良くなかった」の選択肢で評定してもらいます。

この評定の質問に続けて、自由記述による質問を置いておきます。たと

えば「マップ提示の良い点または良くない点について自由に書いてください」というような質問を設定します。この質問に対して文章によって回答してもらいます。

13.2 アンケートを実施する

　評価アンケートは通常、講座の最終回の最後のパートで回答のための時間をとって実施します。紙あるいはオンラインによる回答のいずれでも、持ち帰っての回答を依頼すると、大幅に回収率が下がります。できれば、全員の回答を得るのが理想ですので、わざわざ回答のための時間を講座内に設けることをお勧めします。アンケート回答も講座の内容の一部であるという位置づけです。時間は10〜15分程度とればいいでしょう。

　ここでは、以下のようなアンケートフォームをGoogleフォームで作成しました。【　】内の文言は注釈で、実際には表示しません。

質問1【実態を知るための質問】

この講座について、以下のそれぞれの質問についてあてはまる数字を選んでください。数字は次のような意味です。1＝そう思わない／2＝あまりそう思わない／3＝どちらともいえない／4＝そう思う／5＝強くそう思う

- この講座では自分の能力を発揮することができた【有能感1】
- この講座ではまわりの人たちと良い関係を持つことができた【関係性1】
- この講座では自分らしくふるまうことができた【自律性1】
- この授業の教員に親しみを感じた【関係性2】
- この授業では自分の能力を確認できる機会があった【有能感2】
- この授業では自分の考えを表現することができた【自律性2】

【この質問の回答は「均等目盛」の形式を使います。また順番をランダムにしてあります】

■質問２【改善するための質問】

この講座で改善したほうがよいと思うことがあれば自由にお書きください。

【この質問の回答は「段落」の形式を使います】

■質問３【改善を検証するための質問】

（１）今回レクチャーのときにマップを提示しました。これについて次の５段階で評価してください。５＝非常に良かった／４＝良かった／３＝どちらともいえない／２＝良くなかった／１＝まったく良くなかった
【この質問の回答は「均等目盛」の形式を使います】

（２）マップ提示の良い点または良くない点について自由に書いてください。

【この質問の回答は「段落」の形式を使います】

　オンラインでの回答は、参加者全員がスマートフォンあるいはパソコンを持っていることが前提です。パソコン回答の場合はWiFiによる通信回線が提供されてることが必要ですので確認しておきます。

▶ 13.3 アンケートデータを分析する

　ここでは、アンケートデータを分析する方法について簡単に説明します。統計分析のやり方については専門の本を参照してください。わかりやすい入門書としては、向後・冨永『身につく入門統計学』(技術評論社, 2016)、向後・冨永『統計学がわかる』(技術評論社, 2007)、向後・冨永『統計学がわかる【回帰分析・因子分析編】』(技術評論社, 2008)をお勧めします。

1 尺度による回答データの分析

　5段階尺度の回答データについては、質問項目数が少ない場合は、それぞれの質問について平均と標準偏差を求めます。標準偏差(SD)というのはデータのばらつきの目安で、平均＋SDと平均－SDの範囲におよそ68%のデータが入ります。SDが大きければ、ばらつきが大きく、SDが小さければばらつきが少ないデータということです。

　今回は、レクチャーのときに提示したマップについて5段階で評価してもらいました。この平均を求めて、それが4以上であれば、マップの利用が高評価を受けたと考えていいでしょう。その場合でも、もしSDが大きければ低評価をした人もいるということがわかります。

　実態を知るための質問として、有能感、関係性、自律性それぞれ2項目ずつ、合計で6個の質問を設定しました。これらの質問については、上記のようにひとつずつ平均と標準偏差を算出して検討してもいいのですが、項目数が多くなる場合は、質問項目同士の関係を整理した上で扱うと便利です。このような手法を因子分析と呼びます。因子分析を使うと数多くの質問項目を設定しても、それを少数のまとまった変数(因子)として扱うことができます。因子分析については、専門の本を参照してください。

■― 2 自由記述による回答データの分析

「この講座で改善したほうがよいと思うことがあれば自由にお書きください」という設問での回答データは文章の形でのデータとなります。これをテキストデータと呼びます。

テキストデータを分類・整理する方法のひとつとしてKJ法があります。KJ法は川喜田二郎が発展させた方法[1]で、一つひとつのテキストデータを読みながら、似ているデータ同士を近くに配置していきます。このようにしてまとまりができたら、そのまとまりに名前（表札）をつけていきます。このような作業を繰り返して、テキストデータ全体の構造を明らかにしていきます。

テキストデータを分析する方法は質的データ分析法として発展してきています。代表的な方法は、KJ法と同様にテキストデータを一つひとつ読みながら、それにコードをつけていくというやり方です。そして似たようなデータを集めながら概念化していきます。質的データ分析については、専門の本を参照してください。

また、テキストデータを単語やキーワードレベルで分析する手法は、テキストマイニングと呼ばれて発展しています。テキストマイニングでは、文章の形で記述されたデータを単語レベルに切り分けた上で、その出現頻度や単語同士の関係の強弱を数量的に扱うことができます。その意味でより客観的にデータを扱えます。また、大量のテキストデータを分析できるというところも強みです。テキストマイニングについては、専門の本を参照してください。

---

[1] 川喜田二郎『発想法 改版 ―― 創造性開発のために』中公新書, 2017

第 14 章

まとめと次の一歩

　この章では、これまで学んできた教える技術の意味とその具体的な内容についてふりかえりましょう。そして次の一歩としてどう進んでいけばいいかについて考えましょう。

▶ 14.1 教えるときに大切なこと（再び）

　何を教えようが、誰に教えようが、教えるときに大切なことはいつでも変わりません。大切なことは相手が「できるようになること」、「つながりを感じるようになること」、「自分で決められる感覚を持つこと」の3点です。これは学習者の年齢が若くても、働き盛りであっても、また歳をとっても変わらない原則です。人生の時期のいつにあっても「できる」「つながる」「決められる」はその人にとってうれしいことなのです。

　教える人（講師）と教えられる人（参加者）の関係は上下関係でもなく、また立場の違う関係でもなく、人として対等な関係です。講師は参加者に特定の知識と技能に関して成長してほしいと願っています。また、参加者は講師から特定の知識と技能に関するトレーニングを受けて自分が成長したいと望んでいます。このように講師と参加者の目的は一致しているのです。目的が一致するとき、両者はお互いに協力することができます。協力関係は両者がお互いに対等な関係であることを前提条件としているのです。

　逆に、このような協力関係を築けないときは、教えるという行為は必ず失敗します。講師が参加者に対して支配的にふるまったり、あるいは、参加者が講師に対して依存的になるとき、教えるという行為は失敗します。なぜなら、そのような一方的な関係にあるとき、参加者が「できる」「つながる」「決められる」という感覚を持つことが不可能になるからです。

▶ 14.2
教える「型」と創造性

　この本の中で説明してきた教えるための「型」や「パターン」は、そのひとつの例にすぎません。上手に教えるための工夫は無限にあります。しかし、それを自分一人で発見していくのは時間がかかります。だからこそ、先人たちが発見した効果的な教え方の原理をまず学ぶ必要があるのです。それをこの本の中で紹介してきました。

　たとえまったく同じ内容を教えようとしても、そこには無限の教え方があります。だから同じ教科書を使った授業であっても、その授業を実施する先生の数だけ多様な教え方が存在します。そこでは、正しい教え方とか、間違った教え方というのはありません。そうではなく、効果的な教え方と、そうでない教え方があるだけなのです。

　効果的な教え方というのは、参加者にどれくらいの良い影響を与えたかどうかによって測られます。もし、参加者の知識や考え方や技能がまったく変わらなかったとすれば、それは「何も教えていない」ということになります。もし、少しでも参加者の知識や考え方や技能が変化すれば、それは「教えた」と呼ぶことができます。教える人は参加者に何らかの変化を与えようとして教えるのです。

　この本で説明してきた教え方のさまざまな工夫は、参加者の変化を促す可能性のある効果的な教え方のひとつのパターンです。このパターンを土台にして、講師となる人はいろいろな教え方を工夫し、それを実際に試してみることでしょう。それが、教えることの創造性ということです。講師は何かを教えるたびに講師自身の創造性を発揮しているのです。

▶ 14.3 教えることは一生続く学びの一部

　多くの人は、自分なんかには誰かに教えることは何もないし、たとえあったとしても教えることはできない、と考えています。しかし、この本の中で説明してきたことを習得すれば、誰でも教えることはできます。生活の中でも、組織の中でも、あなた自身が教えることが必要とされるたくさんの場面があるのです。そして、実際にあなたが教えれば、相手はとても助かり、あなたに感謝するでしょう。

　あなたが教えるという行為は、単に相手から感謝されるだけで終わることはありません。あなたは教えるという行為をしながら、あなた自身が習得した知識と技能の体系を、より明確で、より強固なものにしているのです。そして同時に、自分の知識と技能の不完全さに気づくのです。それが教えることをしたときに得られる大切なことです。

　自分の知識と技能が不完全なものであることを痛感するからこそ、さらに自分が学んでいこうという気持ちになります。そのとき、その人は以前よりも深く学ぶことができます。これは他者に教えるという行為をしたからこそ、感じられることなのです。

　本当に学ぶためには、単に誰かから教えを受けるだけでは不十分です。実際に自分で使ってみなくてはなりません。ラケットの素振りができただけでは、実際のコートでボールを打てるようにはなりません。実際に生きたボールを打つことが必要です。何かを学んだときに、それを誰かに自分の言葉で伝えてみることで、学びを深めることができます。それは素振りではなく、生きた現場で知識を使ってみるということにあたります。

　私たちは生涯にわたって、死ぬその瞬間まで学び続けています。その学びの一部に教えるという行動が組み込まれているのです。

おわりに
── 教えることの科学的側面とアート的側面

　教えるということには科学的な側面とアート的な側面の両方があります。科学的な側面というのは、こういうふうに教えればかなりうまく教えられるという原理や理論がある程度わかっているということです。その理論を支えるものは、行動分析学や認知心理学といった科学が提供しています。

　他方、アート的な側面というのは、教え方の原理や理論というものがきちんとある一方で、それを活用する仕方はさまざまな工夫の余地があり、それを考え、試すことそのものが喜びでもあるということです。

　これを絵を描くことにたとえてみると、色彩や配色の理論や遠近法といった理論が絵を描くための土台となっているとしても、それを活用したり、あえて破ったりすることで、それぞれの画家に特有の個性が花開くことに似ています。

　同じインストラクショナルデザインの理論とモデルにしたがって、ある講座を設計して実践しようとするとき、それをデザインした人の個性によってまったく雰囲気の違った講座になるでしょう。それはどれが正しいとか間違っているとかということではなく、それぞれに個性のある実践であるということです。

　それが教えることの科学的側面とアート的側面ということです。その両側面があるからこそ、教えることが面白く、楽しいものになるのです。この本を活用していただいて、教えることを楽しんでもらえれば、著者として望外の喜びです。

謝辞

　この本を書くにあたり、たくさんの人から勇気をもらいました。

　十年近く私にテニスの楽しさを教えてくれているマーティン・ゴフ（Martin Gough）コーチには、教えてもらう立場から教えることについてのたくさんのインスピレーションを得ました。

　早稲田大学人間科学部と人間科学研究科の学生たち、そして私のゼミで一緒に研究を進めてきたゼミ生たちには、教えることと学ぶことの楽しさをいつも感じてきました。とりわけ通信教育課程（eスクール）では、二十年にわたり、多くの学生とともにオンライン教育についてのさまざまな試行と実践を積み重ねることができました。

　私の研究者としてのスタートとなった富山大学教育学部情報教育コースでは、より良い教え方についての多くのチャレンジをすることができました。それを受け入れてくれた同僚と学生に感謝します。

　早稲田大学エクステンションセンター中野校では、社会人を対象として教えるときの経験を積み重ねることができました。

　技術評論社の佐藤丈樹さんにはいつものように丁寧で正確な編集をしていただきました。

　この本を世に出せたことに心からみなさんに感謝します。

2025年1月　所沢にて　向後千春

索引

アルファベット

ARCS動機づけモデル 153
e大福帳 145
ICEモデル 108
JMOOC 163
KPシート 99, 101
KP法 99, 100
MOOC 163
Show and Tell 72

ア行

相手 22
アンケート 138, 150, 152, 159, 174, 177
アンケートデータ 179
インストラクション 34
ウォッシュバック効果 106
教える技術 10, 12, 17
教えること 11
オンデマンド授業 145, 172
オンライン講座 30, 58, 145, 162, 170
オンラインミーティング 172

カ行

改善 150, 175
学習1 43
学習2 43, 44
学習者 33
学習者検証の原則 22
加速度学習 44
課題 63, 130
活動 39, 40
紙芝居プレゼンテーション 99
間隔尺度 152
関係性 23, 154, 174
関連性 153
記述式 111
技能 17
基本的心理欲求 23, 154
キャリア教育 66
共同体 32
協力関係 182
挙手 20
グループ 88, 99
グループワーク 55, 58, 62, 88, 103, 124, 129
ゲーム 45
限界的練習 134
原稿 75, 76
検証 150
講座 38, 40, 69
構造化 46
コース 38, 122
コーチ 10
コーホート効果 155, 172
ゴール 39, 40, 67
コミュニケーション 30

| コミュニティ | 118 |
| コメント | 59 |

サ行

サイコロ	20, 91
最終テスト	107, 114
サビカス・インタビュー	124
参加者	53, 72
参加者の活動	123
時間モデル	28, 29
私語	64
自信	153
質疑応答	56, 62, 129
質問カード	119
実態	150, 152, 174
指定席システム	64
指導者モデル	12
自分らしさ	35
じゃんけん	90
自由記述	156, 175, 180
授業	20
熟達	42
熟達段階	47
主体性	33
出席	136
守破離	49
順序尺度	152
小規模オンライン講座	171

上手な教わり方	148
小テスト	108, 111
ショートレポート	114, 115
自律性	23, 154, 174
資料	80
シンク・ペア・シェア	31
新人	14
心理尺度	152
スキル	12
スクール	10
スケーラブル	166
スモールステップ	26
スライド	79, 80
成長	17
設計	38
セッション	40, 52, 127
ゼロ学習	43
先生	15
全体シェア	55, 59, 62, 91, 93, 129
選択肢	34
相互評価	117, 118
創作	118
即時フィードバック	26
組織化スキル	12, 13

タ行

| 大規模オンライン講座 | 170 |
| 対人関係スキル | 12, 13 |

大福帳	128, 132, 136, 140	プレゼンテーション・スキル	12
対面講座	164	ブレンド型学習	162
楽しみ	18	フロー	28
チェック	131, 132	プロット	76, 77
チェックイン	96	分析	179
知識	17	ポストイット	91, 92
チャット	60	ホワイトボード	92
チャレンジとスキルのバランス	27	本題	75
注意	153		
注意力	75		

マ行

中規模オンライン講座	170
中級段階	47
テキストデータ	180
テキストマイニング	157
テクノロジー・スキル	12
テスト	106
テスト効果	106
テニススクール	10
転移	42
トレードオフ	156

マイクロフォーマット	54, 61, 127
マインドマップ	79, 82
マップ	79, 82, 123
満足	153
ミニワーク	96
無記名	159
メタ認知	90
メモ	77
問題提起	62, 128

ナ・ハ行

ヤ・ラ・ワ行

ニーズ	39, 40, 66	有能感	23, 154, 174
入門段階	47	よく考えられた練習	134
発達の最近接領域理論	31	リソース	39, 40, 122
話し方	75	領域固有性	42
板書	92	ルーブリック	111, 117
反転学習	162	レクチャー	38, 52, 55, 58, 128
反転授業	162	レッスン	10, 45
評価アンケート	150, 152, 159, 174, 177	レポート	116
フィードバック	39, 40, 61, 125, 127	ロケットモデル	38, 169
ふりかえり	97	ワークシート	66, 68, 70, 126, 130

【著者プロフィール】

向後 千春(こうご ちはる)

1958年生まれ。早稲田大学人間科学学術院教授。博士(教育学)(東京学芸大学)。専門は教育工学、教育心理学、アドラー心理学。

著書に、『上手な教え方の教科書:入門インストラクショナルデザイン』、『統計学がわかる』、『統計学がわかる【回帰分析・因子分析編】』(技術評論社)、『18歳からの「大人の学び」基礎講座』(北大路書房)、『人生の迷いが消える アドラー心理学のススメ』、『アドラー"実践"講義』(技術評論社)、『幸せな劣等感』(小学館)、『コミックでわかるアドラー心理学』(中経出版)など。

- カバーデザイン　　　西岡裕二
- 本文デザイン・DTP　　BUCH⁺

上手な教え方の教科書、実践編

2025年2月28日　初版　第1刷発行

著　者	向後 千春
発行者	片岡 巖
発行所	株式会社技術評論社
	東京都新宿区市谷左内町21-13
	電話　03-3513-6150　販売促進部
	03-3267-2270　書籍編集部
印刷／製本	日経印刷株式会社

定価はカバーに表示してあります。

本書の一部または全部を著作権法の定める範囲を超え、無断で複写、複製、転載、テープ化、あるいはファイルに落とすことを禁じます。

© 2025　向後千春

> 造本には細心の注意を払っておりますが、万一、乱丁(ページの乱れ)や落丁(ページの抜け)がございましたら、小社販売促進部までお送りください。送料小社負担にてお取り替えいたします。

ISBN 978-4-297-14694-8 C0036
Printed in Japan

本書へのご意見、ご感想は、技術評論社ホームページ (https://gihyo.jp/) または以下の宛先へ、書面にてお受けしております。電話でのお問い合わせにはお答えいたしかねますので、あらかじめご了承ください。

■ **問い合わせ先**
〒162-0846
東京都新宿区市谷左内町21-13
株式会社技術評論社
書籍編集部
「上手な教え方の教科書、実践編」係
FAX：03-3267-2271